복음은 그래도 달린다

복음은 그래도 달린다

지은이 | 박승목, 박영자
초판 발행 | 2019. 5. 8

등록번호 | 제1988-000080호
등록된 곳 | 서울특별시 용산구 서빙고로 65길 38
발행처 | 사단법인 두란노서원
영업부 | 2078-3352   FAX | 080-749-3705
출판부 | 2078-3331

책값은 뒤표지에 있습니다.
ISBN 978-89-531-3482-9 03230   Printed in Korea

독자의 의견을 기다립니다.
tpress@duranno.com   www.duranno.com

두란노서원은 바울 사도가 3차 전도여행 때 에베소에서 성령 받은 제자들을 따로 세워 하나님의 말씀으로 양육하
던 장소입니다. 사도행전 19장 8-20절의 정신에 따라 첫째 목회자를 돕는 사역과 평신도를 훈련시키는 사역, 둘째
세계선교(TIM)와 문서선교(단행본·잡지) 사역, 셋째 예수문화 및 경배와 찬양 사역, 그리고 가정·상담 사역 등을 감당하
고 있습니다. 1980년 12월 22일에 창립된 두란노서원은 주님 오실 때까지 이 사역들을 계속할 것입니다.

17년을 달려온 순회전도자의 전도행전

복음은 그래도 달린다

박승목
박영자
지 음

두란노

목차

하나님은 전도라는 미련한 방법으로 이 세상 모든 사람이 복음을 듣고, 그 복음을 통해 하나님의 자녀가 되기를 원하고 계십니다. 이 책은 어떤 목사나 신학자도 하지 못할 일들을 하며 오직 하나님의 부르심에 순종해 달려가는 분들의 이야기입니다. 두 분의 모습을 통해 하나님은 모든 사람을 불러 쓰기 원하시며, 예수를 알기 이전의 삶조차도 사명을 위해 밑거름으로 사용하신다는 것을 알 수 있습니다.

이 책에는 전도가 어렵다고 생각하는 사람, 그리고 도저히 전도의 가능성이 없다고 느껴지는 사람일지라도 다가가 복음을 전하라는 하나님의 강한 메시지가 담겨 있습니다. 특별히 복음의 감격을 잃은 채 살아가는 많은 그리스도인에게 이 책은 강한 도전의 메시지가 될 것입니다. RV를 타고 미국 전역과 캐나다를 누비며 하나님이 예비하신 사람들을 만나 그들에게 복음을 전하고, 고달픈 이민 생활을 위로하며, 이 땅에서 살아야 하는 참된 이유를 알게 하는 두 분의 귀한 사역을 응원하며 이 책을 적극 추천합니다.

권준 / 시애틀 형제교회 담임목사

박 집사님 내외분은 고난 속에서도 십자가를 지신 예수님을 신뢰하며 믿음, 소망, 사랑으로 자녀를 양육한 신실한 부모이자, 혼란한 세상 속에서도 부활하신 예수님이 명령하신 복음 전파에 초점을 맞추고 한결같은 모습으로 헌신하는 충성스러운 복음의 일꾼이십니다. 무엇보다 RV에 복음을 싣고 미국과 캐나다를 오가며 순회전도 사역에 새로운 지평을 열어 주신 분들입니다. 17년 동안 가는 곳곳마다 현장 전도와 간증, 상담, 격려와 기도를 통해 많은 사람을 주님께로 인도하셨고, 이미 신앙생활을 하는 사람들을 그리스도의 제자로 세우는 일에 풍성한 열매를 맺어 오셨습니다. 지금도 두 분은 육체의 고통과 고단한 환경에도 불구하고 복음을 전하기 위해 달려가고 계십니다.

　그 생생한 전도 현장이 이 책에 담겨 있습니다. 읽다 보면 마음 깊은 곳에서 감동의 눈물이 흐르고, 영혼의 기쁨이 넘치는 것을 느낄 수 있습니다. 두 분의 전도 현장을 가까이에서 본 한 사람으로서 이 책을 많은 성도님에게 기쁨으로 추천하고 싶습니다.

김만풍 / 아노덴연구소 대표

저는 박승목, 박영자 집사님의 전도행전을 기다리고 있었습니다. 한 신문에 연재되는 두 분의 전도 이야기를 읽으면서 복음의 불을 지필 수 있었기 때문입니다. 그렇기에 박 집사님 내외분의 전도행전은 복음을 사랑하는 모든 성도에게 큰 기쁨이 아닐 수 없습니다. 주님의 예비하심을 매 순간 체험하며 복음을 신고 달려가는 모습은, 복음이 높은 산을 깎고 골짜기를 메워 '복음의 길'을 내는 듯한 벅찬 감동으로 다가옵니다. 하나님이 "어떤 사람은 사도로, 어떤 사람은 선지자로, 어떤 사람은 [순회]복음 전하는 자로, 어떤 사람은 목사와 교사"(엡 4:11)로 세우셨는데, 사도 바울과 같은 복음 순회전도자가 이 시대에도 있다는 것이 감사할 따름입니다. 이 책은 살아 있는 복음의 현장으로 우리를 초대합니다. 두 분의 생생한 복음 전선의 이야기는 많은 그리스도인의 무뎌진 심령을 다시한 번 새롭게 만들고, 이 시대에 복음의 사명을 기억하게 할 것입니다.

김한요 / 얼바인 베델교회 담임목사

두 분은 1982년에 미국으로 오셔서 허약한 몸으로 고된 노동을 하면서도 믿음 안에서 최선을 다해 살고자 하셨습니다. 두 분은 당시 제가 섬기던 나성영락교회에 출석하면서 신앙생활의 모범을 보여 주셨고, 전도폭발 훈련자로 9년 동안 지속적으로 헌신하셨습니다. 그리고 2002년 6월, 20년의 이민 생활을 정리하고 순회전도자의 길을 걷기로 결단하신 후 17년 동안 RV를 타고 33회의 북미 대륙 횡단을 하셨고, 750개 이상의 교회에서 전도 집회를 하셨습니다.

이 책에는 복음을 전하려는 사랑과 열정을 품고 17년 동안 순회전도자로 경험한 두 분의 풍성한 이야기들이 담겨 있습니다. 지난 5년간 미주 〈크리스찬타임스〉에 연재하여 좋은 반응을 이끌어 낸 이야기들이 모여 한 권의 책으로 출간됨을 기쁘게 생각합니다. 이 책을 통해 많은 성도님이 주님이 가장 기뻐하시는 복음 전도의 열정을 회복하고 제2, 제3의 순회전도자들이 나오게 되기를 바랍니다.

박희민 / 새생명선교회 대표

박승목, 박영자 간사님과 국제 전도폭발 미주 한인본부에서 동역한 지 17년이 되었습니다. 오랜 세월이 흘렀어도 두 분의 주님을 향한 사랑과 전도의 열정에 늘 감동을 받습니다. 또한 초심을 잃지 않기 위해 몸부림치시는 두 분의 모습을 보며 도전을 받습니다. 이 시대에 두 분과 함께 동역한다는 것이 하나님의 은혜입니다. 남은 시간은 편안하게 노후를 보낼 수도 있을 텐데 두 분은 잠시도 쉬지 않고 어떻게 하면 한 영혼이라도 더 주님께 이끌 수 있을지를 생각하십니다. 그렇게 RV를 타고 오라는 곳은 없어도 여전히 갈 곳은 많은 분들이십니다. 간사님 내외분의 주님을 사랑하는 마음을 본받고 싶고, 영혼을 향한 거룩한 열정에 전염되고 싶습니다.

매 순간 하나님과 함께하며 복음을 전하신 두 분의 전도 현장이 책으로 출간되어 정말 기쁩니다. 이 책은 전도에 대한 부담스러운 이론서가 아닙니다. 전도가 삶이 된 이들에게서 듣는 감동적이고 진솔한 이야기입니다. 그렇기에 이 책을 읽으며 복음에 무뎌진 삶을 돌아보고 전도의 열정을 회복할 수 있습니다. 이 책을 통해 복음을 증거하는 열정이 많은 그리스도인과 교회에 전염되어 이 땅에 푸르고 푸른 예수 그리스도의 계절이 오기를 소망합니다.

이희문 / LA 기쁨의교회 담임목사, 국제 전도폭발 미주 한인본부 대표

가는 곳곳마다 예수 혁명, 복음 혁명, 성령 혁명, 사랑 혁명을 일으키시는 두 분의 삶의 이야기는 정말 놀랍습니다. 두 분은 흔들리는 세상 한가운데서 하나님 나라를 세우며 현대판 사도행전을 기록하고 있습니다. 저는 부부의 한결같은 헌신을 보면서 이 시대의 '브리스길라와 아굴라'라고 생각하며 많은 도전을 받습니다. 하나님 나라의 꿈을 꾸면서, 오직 복음을 전하는 일에 전념하시는 두 분의 삶이 저뿐만 아니라 모든 그리스도인에게 아름다운 모범이 되고 강한 도전이 되리라 생각합니다. 끝까지 한길을 가는 것이 충성이라면, 두 분이야말로 충성된 그리스도의 일꾼이십니다. 이 책을 통해 복음을 위해 끝까지 충성하는 삶의 모습을 배우고, 또 다른 브리스길라와 아굴라가 탄생되는 역사가 일어날 수 있기를 기대합니다.

임현수 / 캐나다 큰빛교회 원로목사

하나님이 주신 축복 중에 가장 큰 것은 만남의 복이라고 생각하며 살았습니다. 이런 생각을 증명해 주는 만남이 박승목, 박영자 집사님과의 만남입니다. 첫 만남은 두 분이 사역을 시작하신 2002년에 있었습니다. 당시 제가 사역하던 교회를 방문해 전도 사역의 비전을 말씀하시던 모습에서 이 시대에 흔히 볼 수 없는 복음에 매인 진정한 그리스도인의 모습을 발견했습니다.

'전도'는 많은 그리스도인의 마음을 움직이는 단어이고, 특히나 진정한 의미의 '부흥'이 정체된 오늘날에는 가장 절실한 단어입니다. 교회마다 본질로 돌아가자는 소리가 높아지는 이 시대에 이 책은 꼭 필요한 전도의 지침서 역할을 할 것입니다. 이 책을 읽는 독자들이 복음의 확신을 갖고, 열정적으로 전도하며, 예수 그리스도의 증인으로 세워지기를 기대하며 기쁘게 추천합니다.

전형진 / 콜로라도 스프링스 행복한교회 담임목사

두 분은 복음에 사로잡혀 발길이 닿는 곳마다, 손길이 스치는 곳마다 복음을 전하는 삶을 살고 계십니다. 복음으로 기쁨을 누리고, 복음을 전하기 위해 수많은 영혼을 품고, 복음 때문에 세상의 가치를 초월해 사시는 두 분이야말로 가장 행복한 사람일 것입니다. 이 책을 한 장; 한 장 넘길 때마다 저는 많은 영혼에게 영광스러운 복음이 전해질 수 있도록 RV의 운전대를 계속 붙잡아 주시고, 가는 길마다 돌봐 주시는 하나님의 손길을 느꼈습니다. 그리고 하나님을 전심으로 의지하며 순종하는 자녀를 향한 하나님 아버지의 신실하심을 보았습니다. 두 분은 육체와 환경의 역경을 수없이 넘나들었지만, 전적으로 하나님을 의지하며 복음 전하는 일을 멈추지 않으셨습니다. 그런 두 분의 삶에 보혜사 성령님은 매순간 동행하셨고, 두 분을 통해 성령님의 은혜가 다른 사람에게 계속해서 흘러가도록 역사하셨습니다. 이 책이 오늘을 사는 그리스도인들에게 복음을 향한 새 마음, 새 헌신, 새 사명감을 줄 것이라 생각합니다.

홍문균 / 국제 전도폭발 한국본부 대표

1982년 1월 5일, 하나님은 가방 몇 개 들고 태평양을 건너 미국으로 우리 가족을 보내셨습니다. 그리고 영주권도 없이 극심한 가난과 질병을 겪으면서도 오직 믿음으로 승리하게 하셨습니다. "고난당한 것이 내게 유익이라"(시 119:71)라는 하나님의 말씀대로 두 아들도 하나님 나라의 일꾼 삼아 주셨습니다.

하나님이 우리를 미국 땅으로 보내신 이유는 세상에 안주하지 않고 무엇과도 바꿀 수 없는 금 같은 믿음을 주시기 위해서였습니다. 이민 온 대부분의 사람들은 아메리칸 드림을 이루기 위해 물질이나 명예를 목표 삼아 쉬지 않고 달려갔습니다. 그것은 자신의 비전을 이루려는 것이지 하나님의 비전은 아닙니다.

예수님을 믿는 하나님의 자녀들은 살아야 할 목적이 분명해야 합니다. 주님이 "모든 사람을 대신하여 죽으심은 살아 있는 자들로 하여금 다시는 그들 자신을 위하여 살지 않고 오직 그들을 대신하여 죽었다가 다시 살아나신 이를 위하여 살게 하려"(고후 5:15)는 것이기 때문입니다. 전도는 주님의 생명을 부여받은 자들의 자연적 현상이며 의무이기도 합니다. 전도는 그리스도인의 영적 직업입니다. 주님을 믿는 우리 모두가 사람을 낚는 어부가 되어 전도자의 삶을 살아야 하는 것입니다.

바울은 복음을 전할지라도 자랑할 것이 없음은 우리가 부득불 할 일이라며, 만일 전하지 않으면 우리에게 화가 있을 것이라고 경고했습니다(고전 9:16). 또한 우리가 살아도 주를 위하여 살고, 죽어도 주를 위하여 죽나니 사나 죽으나 주의 것이라고 했습니다(롬 14:8). 하나님은 복음을 전하지 않아 어떤 영혼이 지옥에 가면 그 영혼의 피 값을 전하지 않은 자에게 묻겠다고 하셨습니다(겔 33:8). 얼마나 두렵고 무서운 말씀인지요!

"(1절) 널 위해 몸을 주건만 너 무엇 주느냐 / (2절) 내 몸을 희생했건만 너 무엇 하느냐 / (3절) 네 죄를 대속했건만 너 무엇 하느냐 / (4절) 이것이 귀중하건만 너 무엇 주느냐"(새찬송가 311장 후렴). 우리 부부는 이러한 하나님의 질문 앞에 대답할 말이 없어 통곡했던 지난날을 뒤돌아보며 이제라도 하나님 아버지의 마음을 시원하게 해 드리려고 RV(Recreational Vehicle, 레저용 차량)에 복음을 싣고 산을 넘고 들을 지나고 있습니다.

우리가 죽은 후에 입는 수의에는 주머니가 없습니다. 관 속에는 서랍이 없습니다. 죽을 때 아무것도 가지고 갈 수 없다는 의미입니다. 그러나 우리가 죽어 예수님을 만날 때 가지고 가서 보여 드릴 것이 있습니다. 우리가 전도한 사람의 이름입니다.

"우리의 소망이나 기쁨이나 자랑의 면류관이 무엇이냐 그가 강림하실 때 우리 주 예수 앞에 너희가 아니냐 너희는 우리의 영광이요 기쁨이니라"(살전 2:19-20).

영혼 구원은 그리스도인의 열매이며, 사명이며, 존재 목적입니다. 하나님의 관심은 전도하는 자에게 있습니다. 하나님은 분부한 모든 것을 가르쳐 지키게 하는 자에게 세상 끝 날까지 항상 함께하겠다고 약속해 주셨습니다(마 28:20). 임마누엘의 복을 받는 사람은 하나님의 지상 명령에 순종해 복음을 전하는 자입니다.

우리 부부는 사람들이 그토록 원하는 물질도 하나님이 복음을 전할 때 부어 주심을 경험하고 있습니다. 처음에 중고 RV를 사서 몇 년을 사역하다 보니 고장이 너무 많이 나서 더 이상 타고 다닐 수 없었습니다. 그런데 하나님은 하나님의 사람을 통해 새 RV를 사 주셨습니다. "눈으로 보지 못하고 귀로 듣지 못하고 사람의 마음으로 생각하지도 못하"(고전 2:9)는 하나님의 예비하심을 경험했습니다.

하나님은 우리가 원하는 것을 주시기보다 그분의 뜻을 이루기 위해 세세한 것까지 늘 필요를 채워 주셨습니다. 살아 계신 하나님! 약속을 신실하게 지키시는 하나님! 나의 목자가 되셔서 내게 부족함이 없도록 채워 주시는 하나님! 나의 작은 신음에도 응답하시는 하나님을 찬양합니다.

바울은 예수 그리스도와 그분이 십자가에 못 박히신 것 외에는 아무것도 알지 않기로 작정했으며(고전 2:2), 예수 그리스도의 십자가 외에는 결코 자랑할 것이 없다고 했습니다(갈 6:14). 복음 전도자만이 누릴 수 있는 하늘의 기쁨이 넘칠수록 세상의 그 어느 것도 부럽지 않습니다. 영혼 구원의 사명을 깨닫고 실천할 때 우리는 맑은 영성과 마음에 평강이 넘치는 최선의 삶을 살게 됩니다.

우리 부부에게 걱정이 있다면 하나님이 주신 거룩한 부담으로 이렇게 하면 한 영혼이라도 더 구원하는 일에 쓰임 받을 수 있을까 하는 것입니다. 십자가 복음에 빚진 우리는 말씀에 붙잡힌 바 되어 오늘은 이곳, 내일은 저곳을 다니며 예수는 그리스도라고 증거하고 있습니다.

지금까지 17년이 넘도록 복음을 전했을 때 죽었던 영혼들이 생명을 얻었고, 실족한 영혼들이 회복되는 역사를 우리를 통해 주님이 이루셨습니다. 또한 교회의 잠자는 성도들이 복음 전도를 결단하는 데 도전을 주는 계기도 있었습니다. 이 책을 통해 성도님들의 마음에 전도의 열정이 솟아나고, 교회마다 하나님의 소원을 이루어 드리는 전도자들이 많아지기를 간절히 바랍니다.

국제 전도폭발 미주 한인본부에서 간사로 동역할 수 있도록 기회를 주신 김만풍 목사님과 이희문 목사님, 그리고 RV로 사역할 수 있도록 지금까지 도움을 주신 복음의 동역자 김용오 집사님께 감사합니다. 길 위에서 복음을 전하며 살아가는 부모를 위해 전심으로 기도해 주는 자랑스러운 두 아들과 며느리, 일곱 손녀와 손자에게 감사합니다. 이 책이 나오기까지 많은 도움을 주신 두란노 서원에게도 감사합니다.

지나온 세월을 돌아보면서 모든 것이 하나님의 은혜와 사랑, 그리고 능력 가운데 이루어졌음을 고백합니다. 천사도 흠모하는 전도 사역에 우리를 일꾼 삼아 주시고 오늘까지 이끌어 주신 하나님께 감사드리며, 이 모든 영광을 하나님께 올려 드립니다.

2019년 5월 팜스프링에서

박승목, 박영자

1장 복음을 받아들이다

-
죽음을
맞닥뜨린 순간

하나님은 어떤 분이십니까?

우리 부부는 둘 다 불교를 믿고 해마다 무당을 불러 굿을 하는 가정에서 성장했습니다. 결혼 후에도 불상 앞에서 무릎이 닳도록 절을 하면서 세상의 부를 좇아 열심히 살았습니다. 하지만 1969년 8월, 첫아들을 낳고부터 시작된 집안의 우환은 걷잡을 수가 없을 정도였습니다. 아들이 열 살이 될 때까지는 생각하기도 싫은 사건들의 연속이었습니다.

아들은 하루가 멀다 하고 병원으로 업고 뛰어야 할 정도로 병약한 아이였습니다. 가정부가 갑자기 정신착란을 일으켜 병원에 입원시킨 일도 있었습니다. 그다음에 온 가정부는 자살을 기도해 온 집 안을 피투성이로 만든 뒤 결국은 병원에서 숨을 거두었습니다. 그리고 대학에 다니던 시누이가 자살하고, 친정 사촌 여동생이 자살하는 감당하기 어려운 사건들이 일어났습니다. 결국 저(박영자 집사)는 충격을 받아 심장병까지 얻었습니다.

그렇게 마음고생을 하고 있던 와중에 남편이 하던 사업이 실패를 거듭했고, 결국 빚더미에 앉게 되었습니다. 우리 네 식구는 사글세 단칸방으로 이사했습니다. 큰 좌절과 비참함 속에서 헤매던 우리 부부는 동반 자살을 생각하게 되었습니다. 하지만 남편은 '가족들이 무슨 죄가 있나? 나만 죽으면 되지' 하는 생각에 어느 날 홀로 한강으로 향했습니다. 남편이 죽으려고 한강 다리 난간을 붙잡고 뛰어내리려 했을 때 누군가가 뒤에서 붙잡는 느낌을 받았습니다. 지금 생각해 보면 남편의 자살을 막으신 분은 하나님이셨습니다.

그동안 열심히 믿어 왔던 부처라는 신의 존재에 대해 처음으로 분노가 일어났습니다. '우리 조상 때부터 믿어 왔던 부처는 우리가 이 지경이 되도록 도와줄 능력이 없는 신인가?' 하는 회의가 생겼습니다. 그러면서 '교회에 가면 하나님이 계신다는데 하나님은 어떤 신일까?' 하는 궁금증이 밀려왔습니다. 그때가 1979년 12월이었습니다. 새해가 되면 절에 가지 말고 하나님이 계신다는 교회에 가 봐야겠다는 마음이 저절로 용솟음치고 있었습니다.

1980년 1월 첫 주일 아침이 되었습니다. 교회에 가려는데, 불현듯 두려운 느낌을 받으며 주저앉아 버렸습니다. "이 배신자야, 네가 어디를 가려느냐!" 하는 소리에 섬뜩 놀랐습니다. 그날은 두려워 떨다가 교회를 가지 못했습니다. 일주일 동안 마음속에서 두 마음이 싸우는 경험을 했습니다. "이 배신자야, 네가 어디를 가려느냐!"라는 두려운 음성과 '하나님이 어떤 신인지 알고 싶다'는 간절한 마음이 동시에 교차했습니다. "이 세상의 신이 믿지 아니하는 자들의 마음을 혼미하게 하여 그리스도의 영광의 복음의 광채가 비치지 못하게"(고후 4:4) 한 것입니다.

두 번째 주일이 되었습니다. 마음을 단단히 먹고 교회를 가려는데, 아무래도 두려운 음성 때문에 불안했습니다. 단칸방에서 서성거리는 저를 본 남편은 "무슨 일이야? 왜 불안하고 초조한 모습으로 왔다 갔다 해?" 하고 물었습니다. 저는 남편에게 "우리가 열심히 믿던 부처는 우리가 이 지경이 되도록 도와줄 능력이 없는 신이기에 하나님이 계신다는 교회에 가 보고 싶어요" 하고 말했습니다.

남편은 의외의 반응을 보였습니다. 전에는 "하나님을 믿느니 내 엄지손가락을 믿어라!" 하고 큰소리치던 남편이 "그래? 그럼 우리 같이 가 보자" 하는 것이었습니다. 그 순간 얼마나 기뻤는지 모릅니다. 그날 우리 네 식구는 난생처음으로 나란히 동네 큰길에 있는 감리교회를 나갔습니다.

하나님 없이도 살 수 있다던 남편은 예배가 끝난 후 남자 화장실에 갔다가 그만 하나님께 붙들리고 말았습니다. 교회 화장실의 남자 변기가 얼마나 더럽고 냄새가 심한지, '교회에 교인들이 이렇게 많은데 화장실을 깨끗이 청소하는 사람이 없나? 내가 좀 닦아 주어야겠다'는 생각이 들었답니다. 남편은 그날 저녁 소독 약품과 고무장갑, 수세미를 사 두었다가 월요일 새벽에 교회로 달려가서 아무도 하기 싫어하는 화장실 청소를 했습니다. 하나님이 강력한 부담감을 주셔서, 교만했던 남편은 머리를 숙이고 악취를 맡으며 화장실 바닥의 찌든 때를 며칠에 걸쳐 깨끗하게 청소해 놓았습니다.

남편은 교인들이 알게 되는 것이 싫어서 새벽기도회 시간에 5일에 걸쳐 조금씩 닦았는데, 마지막 날 한 집사님께 들키고 말았습니다. 결국은 담임목사님도 아시게 되었습니다. 목사님은 불신자가 교회에 첫발을 디딘 순간부터 남들이 하기 싫어하는 화장실 청소를 한 것은 귀한 일이라고 하시면서, "하나님의 뜻과 섭리는 알 수 없지만 함께 신앙생활을 잘해 봅시다" 하고 권하셨습니다.

그 후부터 실업자인 남편은 아침밥을 먹으면 교회로 달려가서 교회 구석구석을 청소하는 일에서 기쁨을 느꼈습니다. 그리고 목사님이 심방을 가시면 심방 가방을 들어 드리면서 열심히 헌신했고, 한 주도 빠지지 않고 주일예배와 수요예배를 드리기 시작했습니다.

성령을 체험하다

교회에 나가 신앙생활을 한 지 8개월이 된 1980년 8월, 여의도 광장에서 큰 집회가 열렸습니다. 김준곤 목사님을 대회장으로 CCC(한국대학생선교회)가 주최하는 큰 선교대회였습니다. 주제는 "나는 찾았네"였는데, 5일 동안 세계 각처에서 선교사님들과 성도들이 100만 명가량 모였습니다.

남편은 목사님의 추천으로 낮에는 서울의 한 고등학교에 모여 각 교회에서 몇 명씩 온 성도들과 합숙하면서 성경 공부를 하고, 밤에는 여의도 광장에 가서 안내위원과 헌금위원으로 섬기면서 은혜를 많이 받았습니다. 저는 마지막 날인 8월 15일에 교회 권사님들을 따라 두 아들과 함께 여의도 광장에 갔습니다. 장마철이라 우산, 담요, 비닐을 싸 들고 갔습니다. 솔직히 말해서 구경하러 갔습니다. TV 뉴스에 여의도 광장 집회 광경이 보도되었는데, 많은 성도가 축축한 아스팔트에 앉아 비가 와도 우왕좌왕하지 않고 에

배드리는 모습을 보면서 가 보고 싶다는 충동이 일어 따라갔던 것입니다.

많고 많은 성도 속에 남편도 있었지만 만날 수는 없었습니다. 설교가 끝난 후 마지막 시간에 김준곤 목사님이 선교사 서원 기도를 인도하셨습니다. 목사님이 첫 번째로, "지금부터 1년 이상 해외에 나가서 선교 활동이나 주님의 일을 할 사람은 자리에서 일어나십시오" 하셨을 때 당시 열한 살 큰아들 지훈이가 이다음에 커서 목사가 되겠다며 벌떡 일어나 서원을 했습니다. 나중에 알게 되었지만, 그 시간에 남편도 "하나님, 저는 교회에 다닌 지 8개월밖에 되지 않아서 하나님과 예수님에 대해서 잘 모르겠습니다. 하지만 하나님이 저를 사용하기 원하신다면 저를 해외에 보내 주십시오" 하고 일어나 서원을 했다고 합니다.

김준곤 목사님은 두 번째로, "지금 선교사로 서원하고 일어난 대학생들이 대략 1만 명인데 그들이 해외에 나가서 선교하는 데 필요한 기도와 물질을 위해 헌신할 사람도 일어나십시오"라고 하셨습니다. 그때 일어서 있던 큰아들이 "엄마, 우리는 돈이 없어 헌금은 못하지만 일어선 저를 위해서 기도하실 수는 있잖아요. 그러니까 엄마도 일어나세요" 하면서 제 팔을 잡아당기며 일으켜 세웠습니다.

아무것도 모르고 아들의 권유에 못 이겨 일어섰지만 왠지 두려웠습니다. 하나님께 서원을 하고 행하지 않으면 벌을 받을 것만 같았습니다. 순간 마음속으로 '아들이 어려서 잘 모르고 목사가 되겠다고 서원했어요. 크면서 마음이 변하더라도 용서해 주세요' 라고 말하고 있었습니다.

집회가 다 끝나고 모두 집으로 돌아가고 있었지만, 그곳에서 철야를 하고 싶어 가고 싶지 않았습니다. 하지만 저는 여기저기에서 철야하며 큰 소리로 기도하는 사람들을 보면서도 기도할 줄을 몰라서 그냥 앉아 있었습니다.

얼마쯤 지났을까요. 만나기로 약속도 하지 않았는데, 남편이 제 앞에 서 있었습니다. 마지막 날에는 제가 여의도 광장에 올 것이고 철야를 할 것이라는 예감이 들었답니다. 동쪽 끝에서 서쪽 끝을 향해 철야하고 있는 사람들을 하나하나 살피면서 찾았는데 결국 만났던 것입니다. 우리 네 식구는 함께 서원한 장소에서 철야를 했습니다.

서원을 한 지 한 달 후인 9월 중순, 여전히 기도가 어려웠던 저는 기도원에 가게 되었습니다. 그때까지 기도원이 무엇을 하는 곳인지도 몰랐습니다. 천막으로 된 성전 안에는 가지각색으로 우는 사람, 춤추는 사람, 알아듣지 못하는 소리로 중얼거리는 사람 등으로 가득했습니다. 너무 신기한 광경이어서 기도는 하지 않고 천막 안을 빙빙 돌아다니며 사람들의 모습을 구경만 했습니다.

밤이 깊어 가니 9월 중순인데도 조금 추웠습니다. 담요 한 장을 받아서 덮었습니다. 기도할 줄을 몰랐기에 무릎을 꿇고 웅크린 채 어서 빨리 새벽이 되기를 기다렸습니다.

그런데 잠시 후 입 안의 혀가 꼬이면서 무슨 소리가 튀어나왔습니다. 사람들의 모습을 구경하며 들었던 신기한 소리를 제가 하고 있었습니다. 몸에서 땀이 나도록 계속 헐떡이고 있을 때 저와 같이 기도원에 오신 분이 제 등을 치면서 "방언을 받았구나" 하셨습니다. 제가 방언이 무엇이냐고 묻자 그분은 방언에 대해 설명해 주시고는 계속해서 기도하라고 하셨습니다.

입은 방언으로 기도하고 있는데, 눈앞에 푸른 초장에 나무가 서 있고 파란 하늘에 구름이 떠 있는 아름다운 그림이 보였습니다. 그런데 어디서 어떻게 오셨는지 알 수는 없으나 하얀 세마포를 입은 예수님이 나무 지팡이를 들고 서 계셨습니다. 예수님 옆에는 4마리의 하얀 양들이 있었습니다. 4마리의 양들은 우리 가족 한 사람, 한 사람이라면서 예수님이 지팡이로 양들을 향해 함께 올라가자고 지시하셨습니다. 양들은 예수님이 능선 위 나무 있는 곳을 향해 걸어가시는 길을 나란히 따라 올라갔습니다.

나무 밑에 도착하자 예수님은 양들을 향해서 "너희들이 떠났던 그곳을 바라보라"고 하셨습니다. 처음 예수님과 양 4마리가 있었던 곳에는 수많은 양으로 가득했습니다.

"하나님이 말씀하시기를 말세에 내가 내 영을 모든 육체에 부어 주리니 너희의 자녀들은 예언할 것이요 너희의 젊은이들은 환상을 보고 너희의 늙은이들은 꿈을 꾸리라"(행 2:17).

지금 생각해 보면, 하나님이 훗날 우리 부부와 두 아들이 해야 할 일, 즉 복음 전파를 통해 수많은 영혼이 주께 돌아올 것을 예언적으로 보여 주신 것 같습니다. 아들의 권유로 세워져 중보 기도자로 서원했는데, 하나님은 저에게 성령의 은사를 부어 주셨고 성령으로 충만하게 하셨습니다. 개인적인 신앙의 체험이기에 조심스럽지만 이야기하는 것은, 그것이 적어도 저의 경우에는 복음 전도하는 데 동력이 되었기 때문입니다.

기도원에서 내려올 때 마음에 기쁨이 넘쳤습니다. 그 기쁨은 형용할 수 없을 정도였습니다. 발걸음이 가벼워 땅에 닿지 않고 날아가는 듯했습니다. 눈에 보이는 모든 것이 아름다웠고, 바람결에 흔들리는 나뭇잎들이 속삭이듯이 제게 사랑한다고 말해 주는 것 같았습니다. 성령 체험으로 영혼에 이루 말할 수 없는 만족감이 느껴졌습니다. 이 세상 그 무엇도 부러울 것이 없었습니다.

그리고 그날부터 하나님은 무릎 꿇어 기도하지 않고는 견딜 수 없도록 제 영혼을 변화시켜 주셨습니다. 새벽기도는 물론이고 밤 9시만 되면 두 아들을 재워 놓고 교회로 달려가서 기도하기 시작했습니다. 2-3시간 기도하다가 새벽 1-2시까지 이어졌고, 때로는 철야를 하면서 많은 기도를 하도록 성령님이 역사해 주셨습니다.

"하나님은 어떤 신인가?"라는 질문을 갖고 시작한 신앙생활이 었는데, 하나님은 기도와 말씀을 통해서 하나님의 속성에 대해 알게 하셨고 우리 가족에게 많은 영적인 축복을 베풀어 주셨습니다. 남편은 기도원에 가서 큰 은혜를 받고 성령 충만한 가운데 교회에서 청년부장의 직분을 맡아 섬기면서 청년들에게 본이 되는 신앙생활을 했습니다. 두 아들도 주일학교에서 열심히 활동했습니다. 우리 네 식구는 신앙 안에서 세상이 주지 못하는 만족과 기쁨을 누렸습니다.

미국으로 길을 여시다

성령 충만한 가운데 기쁨으로 신앙생활을 했지만 일정한 수입이 없었기에 궁핍한 삶은 여전했습니다. 하나님이 아브라함을 우상을 섬기는 집안에서 불러내어 믿음의 조상이 되기까지 불 같은 시험과 연단의 과정을 거치게 하셨듯이, 우리 가정도 어려운 생활 속에서 오직 예수 그리스도만을 바라보며 의지하는 마음을 주셨습니다.

그러던 어느 날 누군가가 미국에 가면 직업의 귀천이 없어서 막노동을 하더라도 잘 먹고살 수 있다고 하는 말을 듣게 되었습니다. 우리도 미국에 가서 살고 싶은 마음에 알아보았더니, 미국에 갈 수 있는 한 가지 방법은 위장 결혼을 하는 것이라고 했습니다. 우리 부부는 그런 방법을 사용해서라도 미국에 가고 싶은 마음이 간절했습니다. 곧 가정법률사무소를 찾아가 호적상 이혼을 한 후 하나님께 더 열심히 기도했습니다. 그러나 하나님은 불의한 방법으로 역사하시는 분이 아니라는 사실을 깨닫게 하셨습니다.

성경은 "불의를 기뻐하지 아니하며 진리와 함께 기뻐하고"(고전 13:6)라고 말합니다. 불의는 불법이고, 악을 행하는 것이고, 결국 죄악에 빠지는 것인데, 의로우신 하나님은 그런 방법을 싫어하십니다. 그래서 10개월 만에 호적을 재결합해 놓고 전능하신 하나님의 방법으로 미국에 갈 수 있는 길을 열어 달라고 눈물로 기도했습니다.

습관대로 매일같이 밤 9시가 되면 교회로 달려가서 기도하던 어느 날이었습니다. "사필귀정"이라는 음성이 제 귀에 계속 들려왔습니다. 그날 밤은 혼자 기도하고 있었고, 밤 12시가 넘어 당시 시행되었던 통행금지 시간이었기에 지나다니는 사람도, 차도 없었습니다. '사필귀정'이 무슨 뜻인지는 잘 알지 못했지만 나쁜 의미는 아닌 것같이 느껴졌습니다.

다음 날 아침에 목사님께 말씀드렸더니, 하나님의 응답이라고 하시면서 백지를 꺼내 한문으로 '사필귀정'(事必歸正)을 쓰셨습니다. '모든 일은 결국 바르게 돌아온다'는 의미라면서 곧 좋은 일이 있을 테니 기다려 보라고 하셨습니다. 목사님은 하나님이 제가 지금까지 신앙생활을 잘하고 있는 모습을 보고 복을 주려고 예비하신 것 같다며 기뻐하셨습니다. 하나님이 어떤 방법으로 복을 주실지 매우 궁금했고 기대가 되었습니다.

1981년 12월이 되면서 유난히 날씨가 춥고 눈도 많이 왔습니다. 하지만 아무리 추워도 기도를 쉴 수는 없었습니다. "하나님, 우리는 미국에 가고 싶어요. 갈 수 있는 길을 열어 주세요." 저는 매일 새벽과 밤에 교회로 달려가서 간절한 마음으로 하나님께 매달려 눈물의 기도를 드렸습니다.

그러던 중 12월 3일, 미국에서 한 통의 편지가 왔습니다. 유학생으로 미국에 갈 수 있는 입학허가서(I-20 Form)였습니다. 신실하신 하나님이 눈물의 기도를 응답해 주셨기에 그 기쁨은 형용할 수가 없을 정도였습니다. 미국에 있는 지인이 우리의 안타까운 소식을 듣고 보내 주신 서류였습니다. 그런데 학교 등록일이 이듬해인 1982년 1월 10일이었습니다. 어떻게 이 짧은 기간 동안 모든 일이 잘 진행될 수 있을지 걱정이 되었습니다. 그러나 하나님의 응답으로 받은 서류이기에 하나님이 하나님의 방법으로 역사해 주시리라 믿었습니다.

다음 날 남편은 서류를 들고 기도원에 올라갔습니다. "하나님! 인터뷰에 합격하면 미국에 갈 수 있습니다. 하나님의 능력으로 도와주십시오." 간절하게 기도했을 때 하나님이 "두려워하지 말라 나는 처음이요 마지막이니 곧 살아 있는 자라"(계 1:17-18)라는 말씀을 주셨습니다. 하나님은 남편이 어린아이같이 순진하게 말씀을 듣게 하셨습니다. 남편은 하나님의 말씀을 "아무것도 두려워하지

마라. 내가 너의 모든 일을 처음부터 나중까지 도와줄 것이다. 나는 살아 있는 하나님이다"라고 듣고는 응답받았다고 기뻐하며 그 다음 날 기도원에서 내려왔습니다.

12월 4일에 서류를 작성해 접수했는데, 인터뷰 날짜는 약 2주 후인 12월 17일 오전 9시였습니다. 어떻게 2주 동안 유학생으로 미국에 갈 만한 영어 실력을 갖추어 미국 대사관에서 영어로 인터뷰를 할 수 있겠습니까. 당시는 대학교를 졸업했어도 영어 회화를 할 줄 아는 사람이 드물었습니다. 당황한 남편은 영어 학원에 가서 의논을 했습니다. 학원 측에서는 토플 시험에 합격한 유학생들이 인터뷰를 준비하면서 공부하는 예상 문제 100문제를 주면서 잘 암기하라고 했습니다.

집에 와서 문제집을 펼쳐 보니, 긴 단어와 긴 문장을 암기하기는커녕 혀가 돌아가지 않아 읽을 수조차 없었습니다. 우리 부부는 너무도 암담하고 답답해 하나님께 더 간절히 기도할 수밖에 없었습니다.

드디어 인터뷰 날이 되었습니다. 남편은 대사관 3층으로 올라가면서 저에게 전화해 빨리 교회로 가서 기도를 해 달라고 부탁했습니다. 저는 며칠을 철야하면서 기도했기에 피곤했지만 교회로 달려가서 하나님께 다시 매달리며 기도했습니다.

대사관 안에는 많은 유학생이 인터뷰를 위해 줄을 서서 기다리고 있었습니다. 그런데 남편 앞에 서 있던 남자가 뒤돌아서더니 말을 걸었습니다. 미국으로 가는 유학생들에게 유리한 조항이 며칠 전에 바뀌었는데 알고 있냐고 했습니다. 당시까지만 해도 유학생으로 미국에 가는 경우 가족은 같이 갈 수 없었습니다. 그런데 이제 인터뷰에 합격하면 가족도 미국에 같이 갈 수 있게 된 것입니다. 남편은 그 말을 듣고는 그 자리에서 가족도 함께 가기를 원한다고 서류를 고쳐 썼습니다. 하나님은 천사를 통해 우리 가족이 함께 미국에 갈 수 있도록 마지막 순간에 서류를 수정하도록 역사해 주셨습니다.

남편이 서류를 고쳐 쓴 후 그 남자는 어디론가 가 버리고 어느새 한 여자가 대신 인터뷰를 받았습니다. 알고 보니 그는 여행사에서 대리로 와서 줄을 서 주고 돈을 받는 사람이었던 것입니다.

그런데 놀라운 일이 또 벌어졌습니다. 앞에 선 여자가 부드러운 목소리로 그동안 근엄한 얼굴로 사무적이고 공식적으로 인터뷰를 하던 영사의 마음을 풀어 주어 호탕하게 웃도록 만들어 버렸습니다. 그다음 차례인 남편이 인터뷰하러 들어갔을 때는 여유 있게 웃으며 인자한 얼굴로 변해 있는 영사의 모습을 볼 수 있었습니다. 그 순간 남편은 성령님의 임재를 느끼면서 마음이 평안했다고 합니다.

사도행전 2장을 보면, 마가의 다락방에서 120명의 성노들이 성령의 역사하심으로 방언을 했습니다. 그때 천하 각국으로부터 온 유대인들이 각기 자기 나라 말로 제자들이 하나님의 큰 일을 말하는 것을 듣고는 놀랐습니다(행 2:1-13). 동일한 성령의 역사하심이 그 시간 임했습니다. 영사가 질문하는 내용을 알아들을 수 있도록 하나님이 남편의 귀를 열어 주셨고, 혀를 움직이셔서 답변할 능력을 주셨습니다.

하나님이 비자를 받도록 놀라운 일을 이루신 날은 1981년 12월 17일 오후 3시였습니다. 불가능을 가능하게 하시고 능치 못하심이 없으신 하나님의 역사를 경험한 우리 가족은 이루 형용할 수 없는 감격으로 울지 않을 수가 없었습니다.

하나님은 비자를 받은 후부터 모든 일이 빨리빨리 잘 진행되도록 해 주셨습니다. 1982년 1월 10일까지 학교에 등록할 수 있도록 20여 일 만에 모든 준비가 끝났고, 우리 가족은 1월 5일 미국으로 떠날 수 있었습니다.

미국으로 떠나는 날, 김포공항에는 2년 동안 은혜 가운데 함께 신앙생활을 한 신림반석교회 김헌기 목사님을 비롯해 성도 60여 명이 버스를 대절해 배웅을 나오셨습니다. 성도님들이 떠나는 우리를 위해 공항 대합실에서 찬송 "저 높은 곳을 향하여"(새찬송가 491장)를 불러 주시고 목사님이 축복 기도를 해 주신 그 순간을 잊을 수가 없습니다. 목사님은 마태복음 6장 33절, "너희는 먼저 그의 나라와 그의 의를 구하라 그리하면 이 모든 것을 너희에게 더하시리라"라는 말씀을 우리에게 주시면서, 미국에 가서 이 말씀을 꼭 붙들고 살라고 하셨습니다.

우리 가족 네 식구가 처음으로 교회를 찾아가 신앙생활을 할 때 많은 사랑을 베풀어 주시고 간절히 기도해 주신 사랑하는 믿음의 식구들을 떠나는 일은 너무 힘들었습니다. 예수님의 십자가 사랑을 경험하면서 세상에서 느낄 수 없는 사랑을 받은 우리는 비행기가 떠나는 마지막 순간까지 헤어질 줄 모르고 붙들고 아쉬워하며 울었습니다. 성도님들도 눈물을 흘리며 손을 흔들어 미지의 세계로 떠나보내는 우리를 축복해 주셨습니다.

'정말 말로만 듣던 미국으로 가는 것인가!' 꿈만 같았습니다. 이 일은 하나님의 능력이 아니고는, 특히 우리에게는 있을 수 없는 사건이었습니다.

미국 광야 생활

이스라엘 백성은 애굽을 떠나 홍해를 건너 젖과 꿀이 흐르는 가나안 땅에 들어갔습니다. 우리 네 식구 역시 우상이 들끓는 집안을 떠나 참으로 형용하기 어려운 감동으로 가방 몇 개 달랑 들고 돈도 없이 태평양을 건너 미국 LA에 도착했습니다. 그날은 1982년 1월 5일이었습니다. 하나님은 우리의 힘으로는 올 수 없는 미국 땅을 전능하신 하나님의 방법으로 급하게 출애굽시키시듯 밟게 해 주셨습니다. 우리는 LA 공항에서 "미국에서 말씀대로, 믿음으로 살겠습니다"라고 고백하며 우리 가족을 도와주시고 인도해 달라는 기도를 눈물로 간절하게 드렸습니다.

꿈만 같았고, 현실로 생각되지가 않았습니다. 우리 눈에 보인 미국 LA는 마치 천국 같았습니다. 1월이라 겨울인데도 나무에 오렌지가 주렁주렁 달려 있고 아름다운 꽃들이 만발해 가나안 땅같이 생각되었습니다. 아는 사람도 없고, 돈도 없고, 영어도 모르고,

영주권도 없는 열악한 환경이었지만 우리 가족을 미국으로 보내신 하나님이 함께하신다고 생각하니 기쁘고 감사한 마음뿐이었습니다.

그러나 우리의 삶에는 광야 생활이 시작되었습니다. 먹고살기 위해 밤이 되면 미국 마켓 뒤에 있는 쓰레기통에 가서 버려진 야채와 과일, 그리고 유통기한이 지난 고깃덩어리까지 주워다가 먹었습니다. 그래도 아이들에게 먹일 수 있다는 것이 기쁘고 감사해서 울었습니다. 또한 중고 시장에서 그 당시 25센트만 주면 헌 셔츠와 바지, 운동화를 살 수가 있어서 감사했습니다.

우리 부부는 어둑어둑해지면 아파트 단지 뒤에 즐비한 쓰레기통에서 깡통을 주워 팔았습니다. 그리고 그 돈을 모아 2년 동안 다녔던 한국 교회에 선교 헌금으로 보냈습니다. 두 아들(당시 8살, 12살)은 학교에 갔다 오면 자연스레 근처에 있는 공원으로 달려가 버려진 깡통을 주웠습니다. 아침 등굣길에 버려진 깡통을 보기만 하면 주워서 나무 밑에 숨겨 놓았다가 하굣길에 그 깡통을 집으로 가져오기도 했습니다.

우리 가족 모두는 가난을 부끄러워하거나 수치스럽게 생각하지 않았고, 어렵게 살아도 감사하고 행복했습니다. 길거리 나무 밑에 떨어진 오렌지가 아까워서 주워 먹어도 감사한 마음에 울기도 했습니다.

"비록 무화과나무가 무성하지 못하며 포도나무에 열매가 없으며 감람나무에 소출이 없으며 밭에 먹을 것이 없으며 우리에 양이 없으며 외양간에 소가 없을지라도 나는 여호와로 말미암아 즐거워하며 나의 구원의 하나님으로 말미암아 기뻐하리로다"(합 3:17-18).

하나님이 불가능한 길을 열어 주셨으니, 미국 땅에서 살 수 있는 영주권도 마련해 주실 것이라고 믿으며 기쁘게 살았습니다. 하나님이 우리 가정을 통해 행하신 일들을 생각만 해도 감격스럽고 행복했습니다.

5개월 후 우리는 LA 북쪽 노스리지에서 샌디에고로 이사를 가야만 했습니다. 유학생 신분으로 학교에 등록을 해야 했기 때문입니다. 사실 공부할 목적보다는 살기 위해 미국에 온 것이었지만, 그래도 학교 근처로 거처를 옮겨야 했습니다. 게다가 영주권을 내어 주겠다는 어떤 분이 있어서 그분을 따라서 이사를 했습니다. 그런데 사기를 당하는 바람에 조금 있는 돈마저 모두 빼앗기고 말았습니다. 남편은 영주권도 없는 상태에서 막노동을 시작해야 했습니다.

미국 사람이 사장으로 있는 회사였는데, 많은 한국 사람이 먼저 와서 일하고 있었습니다. 주로 하는 일은 땅 파는 일, 집수리, 페인트칠, 배관 작업이었습니다. 남편은 할 줄 아는 것이 하나도 없어서 조수로 일했습니다. 그런데 누가 보든지 안 보든지 성실하고 꾸준하게 일하는 모습을 사장님이 유심히 보셨습니다.

남편은 8개월 만에 노동일에서 관리직으로 옮겨 일하게 되었습니다. 이후로도 사장은 남편을 신임해 비서같이 회사의 모든 일을 관리하도록 맡기고 도와주셨습니다. 요셉이 주인에게 은혜를 입어 그 집안의 가정 총무가 된 것처럼 말입니다(창 39:4). 사장은 우리가 영주권이 없다는 사실을 알고는 현금을 주면서까지 우리 가족을 사랑하며 돌보아 주셨습니다.

그러나 어느 곳이든 시기와 질투가 있기 마련인지라, 먼저 일하던 사람들이 영주권이 없는 우리를 불안하게 하고 괴롭히기 시작했습니다. 심지어 이민국에 고발하겠다며 수화기를 들고 위협하기도 했습니다. 우리는 영주권이 없는 서러움을 철저히 당하면서도 참을 수밖에 없었습니다.

저는 계속해서 마음에 상처를 받고 스트레스가 쌓이다 보니 결국 어느 날 대장 경련이 일어나 쓰러지고 말았습니다. 이후 대장 경련 합병증으로 7년 동안 죽을 고생을 했습니다. 남편은 벌어 온 돈으로 좋다는 병원이나 한의원에 저를 데려갔고, 금식 기도를 하고, 신유 집회에도 갔습니다. 하지만 아무런 소용이 없었습니다. 누군가 금침을 맞으면 낫는다고 해서 맞았는데 차도가 없기는 마찬가지였습니다.

매일같이 콩 먹듯이 약을 먹으며 고통 속에 신음하며 살았습니다. 육신이 말할 수 없이 아프고 고통스러웠지만, 하나님이 지금 까지 우리 가정을 통해 역사하신 일들을 생각하면서 밤낮 눈물로 기도하며 부르짖었습니다.

피할 길을 주시다

영주권이 없는 우리를 이민국에 고발하겠다는 위협 때문에 스트레스로 병을 얻어 고통스러웠지만, 기도만 하면 마음이 평안했습니다. 그동안 영적 체험은 많이 했지만 하나님의 말씀에 바로 서지는 못했습니다. 환경으로 인해 실망하고 좌절해 고통스러운 그때 성경을 읽기 시작했습니다.

"예수 그리스도는 어제나 오늘이나 영원토록 동일하시니라"(히 13:8)라는 말씀을 의지해 '이스라엘 백성을 출애굽시키시듯 우리 가족이 20일 만에 급하게 미국에 오도록 역사하신 동일한 하나님이 왜 지금은 병이 들어 죽어 가는 내 모습을 가만히 보고만 계시는가? 왜 내 병이 낫지 않는 것일까? 하나님의 뜻과 섭리는 어디에 있는 것일까?' 하는 마음으로 기도하면서 성경을 읽고 또 읽었습니다.

어느 날 말씀을 묵상하면서, 나를 정결하게 하셔서 훗날 쓰기 좋은 그릇으로 다시 빚으시려는 하나님의 연단이라는 생각이 들어 오히려 기뻤습니다. 고통스러워서 잠이 오지 않을 때는 하나님이 이 밤에 모든 사람이 자고 있으니까 나와 대화하시고 싶어 깨어 있게 하신 것이라고 여기며 위로를 받았습니다. 하나님이 말씀에 바로 서지 못한 제게 말씀 읽는 시간과 기도하는 시간을 주신 것이라고 생각하면서 말씀을 붙들고 울고 또 울며 많이 회개했습니다.

"주께서 그 사랑하시는 자를 징계하시고 그가 받아들이시는 아들마다 채찍질하심이라 … 징계는 다 받는 것이거늘 너희에게 없으면 사생자요 친아들이 아니니라"(히 12:6, 8).

하나님이 나의 유익을 위해, 하나님의 거룩하심에 참여하게 하려고 나를 징계하고 연단하신다고 생각되어 오히려 기쁘고 감사했습니다. 분명히 하나님의 계획은 이렇게 아프다가 죽는 것이라고는 생각되지 않았습니다.

대장 경련 합병증으로 순환이 되지 않아서 독가스가 임신 8개월 된 임산부의 배같이 배 속에 들어찼고, 머리카락만 빼고 온몸이 아파 통증을 견딜 수가 없었습니다. 우리가 살고 있는 아파트 옆에 사시던 미국인 목사님이 고통스러워하는 저를 부축해 이 병원, 저 병원에 데려가 검사를 받도록 도와주셨습니다. 그러나 뚜렷한 병명조차 찾지 못했습니다. 저는 고통으로 신음하고 몸부림치는 가운데 불면증까지 생겨서 밤낮으로 자지 못했습니다.

1984년 샌디에고에는 한국인 의사가 없었습니다. 한국인 의사를 만나려면 오렌지카운티까지 가야 했는데, 도중에 검문소가 있어서 영주권 조사를 했습니다. 영주권이 없는 사람이 붙잡히면 곧바로 추방당했기 때문에 두려워서 가지 못했습니다. 그러는 사이 제 병은 더욱 심해졌습니다. 고통에 몸부림치던 어느 날, 남편은 용기를 내어 저를 데리고 오렌지카운티로 향했습니다. 놀랍게도, 검문소를 통과할 때 하나님이 검문하는 사람의 눈을 감겨 주셔서 무사히 지나갈 수 있었습니다.

병원을 찾아가서 만난 의사는 증상을 듣고는 주사를 놓아 주었습니다. 금방 통증이 없어졌습니다. 의사는 스트레스로 인한 증상이라는 진단을 내렸고, 저는 안정제를 먹어야 했습니다. 하지만 그것도 잠시, 안정제를 먹어도 별 도움이 되지 않았습니다. 날마다 밤이면 오직 하나님만을 찾으며 기도하고, 말씀을 읽고 또 읽으면서 회개했습니다. 매일 하나님의 말씀의 거울에 비추어서 지난날 우상 숭배 했던 죄와 못된 습관들을 낱낱이 고백했습니다. 비록 고통의 터널을 눈물로 지나고 있었지만 하나님은 우리 가정을 긍휼히 바라보시고 위로와 사랑을 부어 주셨습니다.

1987년 7월 3일은 정말 잊을 수 없는 날이요, 고마운 분들이 생각나는 날입니다. 우리 가족은 얼 헤드릭 미국인 목사님과 최재천

목사님의 사랑과 보살핌 속에서 영주권을 받는 놀라운 축복을 받았습니다. 헌신적인 남편의 믿음을 보신 하나님이 미국인 목사님을 통해 일을 시작하신 것입니다. 어느 날 이민국으로부터 온 가족이 함께 오라는 연락을 받고는 갔습니다. 인터뷰도 없이 열 손가락 지문만 찍었을 뿐인데 한 달 후에 우편으로 영주권을 받았습니다. 5년 전 태평양을 건너 미국으로 출애굽시켜 주신 전능의 하나님이 미국에서 살아가는 데 꼭 필요한 영주권을 받는 일도 해결해 주셨습니다.

영주권을 받은 다음 날인 7월 4일은 미국의 독립기념일로 지키는 최고의 축제날로서, 불꽃놀이가 펼쳐졌습니다. 샌디에고 바닷가 하늘 높이에 퍼진 형형색색 불꽃은 정말 찬란하고 아름다웠습니다. 우리 가족은 하나님이 우리가 영주권을 받은 것을 축하해 주시는 것이라고 생각하면서 눈물로 감사 기도를 드렸습니다.

다른 사람들은 우리가 영주권 때문에 고민하다가 병까지 얻어 고생한다고 생각했습니다. 그러나 우리에게는 하나님이 미국에서 살아가는 데 필요한 영주권도 주실 것이라는 확실한 믿음이 있었습니다. "믿음은 바라는 것들의 실상이요 보이지 않는 것들의 증거니"라는 히브리서 11장 1절 말씀을 붙들고 믿음으로 기도하며 살았습니다. 하나님은 말씀대로 신실하게 약속을 지키셨고 역사해 주셨습니다.

하지만 영주권을 받은 후에도 제 병은 조금도 낫지 않았고 오히려 악화되었습니다. 의사는 환경에서 비롯한 스트레스로 생긴 병이므로 환경을 바꾸는 것이 도움이 될지 모른다며, 한국으로 가든지 어디로든 이사를 가 보라고 권했습니다. 당시 우리는 남편이 벌어 온 돈을 모두 병원비로 썼기 때문에 갈 곳도 없었지만 이사 비용조차 없었습니다.

그때 남편은 회사에서 한 달에 2,400불이나 되는 많은 돈을 받았습니다. 사장님은 제가 향수병에 걸린 것 같다며 가족이 함께 지내라고 토요일에 휴무하게 하는 등 우리 가정을 많이 사랑하며 돌보아 주셨습니다. 이러한 사장님의 배려에도 불구하고, 남편은 제 병 때문에 그 좋은 직장을 그만 두고 이사 갈 결심을 했습니다. 미국에서 우리가 아는 곳이라고는 처음 이민 와서 5개월간 살았던 LA 북쪽의 노스리지뿐이었습니다. 우리는 1989년 가을, 미국에 두번째 이민 온 지 7년 만에 두 번째 이민을 떠나야 했습니다.

제2의 고향과 같은 아름다운 샌디에고와 정든 교회의 사랑하는 성도님들과 헤어지는 것이 무척 아쉬웠습니다. 성도님들은 우리가 이사할 수 있도록 도움의 손길을 베풀어 주면서 빨리 이곳을 떠나라고 재촉하셨습니다. 그리고 완쾌되면 다시 와서 함께 살자며 눈물로 위로해 주셨습니다. 미국 땅에서 고아와 같은 우리 가족을 사랑해 준 형제들이 아쉬워하면서 번 LA까지 이삿짐을 옮겨 주었습니다. 우리는 성도님들의 뜨거운 사랑을 받으며 주 안에서 승리할 것을 눈물로 약속했습니다. 비록 병든 몸이지만 떠나는 것이 하나님의 뜻이라면 가야 했기에 미련 없이 샌디에고를 떠났습니다.

고통 중 첫사랑 회복

LA 북쪽 노스리지에 다시 와 보니 아는 사람도 없고, 가진 돈도 없었습니다. 남편은 또다시 일당 30-40불을 받으며 노동일을 시작했습니다. 가난을 철저히 경험하면서 밤이면 미국 마켓 쓰레기통에 버려진 음식을 주워다 먹는 생활이 이어졌습니다. 하지만 우리 가족은 하나님을 원망하지 않았습니다. 남편은 밤마다 아파서 잠을 자지 못하는 저를 피곤을 무릅쓰고 주물러 주는 고된 생활을 하면서도 귀찮거나 싫은 내색을 한 번도 하지 않았습니다. 오직 사랑으로 위로해 주며 병 낫기를 소원하며 간절한 마음으로 기도를 드렸습니다.

"주 예수를 다시 살리신 이가 예수와 함께 우리도 다시 살리사 너희와 함께 그 앞에 서게 하실 줄을 아노라 … 그러므로 우리가 낙심하지 아니하노니 우리의 겉사람은 낡아지나 우리의 속사람은 날로 새로워지도다"(고후 4:14-16).

하지만 환경이 바뀌었는데도 제 상황은 좋아지지 않았습니다. 오히려 더욱 심한 상태가 계속되었습니다. 고통 가운데 몸부림치며 병원에 가도 소용이 없었습니다. 오직 하나님께 기도하는 것 외에는 할 수 있는 일이 없었습니다.

그러던 어느 날 새벽에 기도하고 말씀을 읽을 때였습니다. 하나님의 말씀이 쇠망치가 되어서 제 뒤통수를 내리치는 듯한 느낌을 받았습니다. "그러나 너를 책망할 것이 있나니 너의 처음 사랑을 버렸느니라 그러므로 어디서 떨어졌는지를 생각하고 회개하여 처음 행위를 가지라 만일 그리하지 아니하고 회개하지 아니하면 내가 네게 가서 네 촛대를 그 자리에서 옮기리라"(계 2:4-5)라는 말씀이었습니다.

미국에 와서 고통 가운데 하나님의 은혜와 사랑을 다 잊어버리고 성령의 은사도 소멸한 저를 책망하시는 하나님의 말씀 앞에 무릎을 꿇었습니다. "하나님, 첫사랑을 잃어버린 잘못을 회개하고 싶어요. 어떻게 첫사랑을 회복할 수 있는지 알려 주시고 촛대만 옮기지 말아 주세요!" 통곡하며 울부짖었습니다. 하나님이 어디서 떨어졌는지를 생각하고 회개하라고 하셨으므로 매일 기도했습니다. 하지만 방법을 몰라 막연하기만 했습니다.

그리고 며칠 후, 교회 집사님의 소개로 한 세미나에 참석하게 되었습니다. 만신창이가 된 몸으로 갔지만 병을 고치기 위해서는 아니었습니다. 그동안 복음서를 읽으면서 병자들에게서 악한 영이 떠나자 병이 치유되었다는 것을 알게 되었습니다. 제 육신을 얽어매고 있는 것도 악한 영이라고 생각했기에 제 영혼에 말씀의 능력이 차고 넘치면 악한 영이 떠나고 저는 치유될 것이라고 믿었습니다.

"하나님의 말씀은 살아 있고 활력이 있어 좌우에 날 선 어떤 검보다도 예리하여 혼과 영과 및 관절과 골수를 찔러 쪼개기까지 하며 또 마음의 생각과 뜻을 판단하나니"(히 4:12).

저는 영혼이 말씀의 능력으로 힘을 얻고 충만해져 육체를 지배하게 해 달라고 간구했습니다. 통곡하며 간절히 기도할 때 성령님이 그동안 죄 가운데 있었던 저를 보도록 역사하셨습니다. 하나님은 제가 그동안 신앙생활을 하면서 죄라고 생각하지 않았던 것들까지 낱낱이 지적하시면서 어떤 도덕적인 죄보다 하나님께 지은 죄를 생각나게 하셨고 보여 주셨습니다. 특별히 하나님의 은혜, 그 첫사랑을 잊은 채 신앙생활을 해 온 행위와 태도에 대해서 회개하라고 책망하셨습니다.

저는 7년을 고통 가운데서 신음하면서도 한 주도 교회에 빠지지 않았고, 예배당 뒷좌석에 드러누워 예배드리기를 수없이 했습니다. 그러나 하나님은 "그것은 너의 의와 열심으로 드린 예배였지, 너를 구원한 십자가 사랑, 그 첫사랑은 잊은 행위였다"고 책망하셨습니다.

조금 덜 아픈 날이면 언제 죽을지 모르니까 찬양을 해야 한다고 성가대로 봉사하고 주방에서 열심히 일한 것도 생각나게 하셨습니다. 하나님은 "그것은 아픈데도 헌신적으로 봉사하는 믿음 있는 집사라고 칭찬하는 성도들의 말을 들으며 사람을 의식하고 더욱 열심을 낸 행위였다"고 책망하셨습니다.

또한 제 마음속은 교회 안팎에서 우리 가족을 괴롭히는 사람들을 생각만 해도 미움이 솟구쳤고, 용서할 수 없다는 생각이 가득 차 있었습니다. 그러나 그들을 마주칠 때면 얼굴에 가면을 쓰고 안 그런 척 웃는 얼굴로 "안녕하셨어요?" 하며 외식적으로 행동했습니다. 하나님은 그 장면을 떠올리게 하시면서 "너는 율법에 매인 바리새인같이 경건의 모양은 있으나 경건의 능력은 없는 자였다"라고 책망하며 회개하라고 하셨습니다. 또한 헌금 생활에 대해서도 "너희가 박하와 회향과 근채의 십일조는 드리되 율법의 더 중한 바 정의와 긍휼과 믿음은 버렸도다 그러나 이것도 행하고 저 것도 버리지 말아야 할지니라"(마 23:23)라고 책망하셨습니다.

신앙생활의 전반적인 행위인 예배, 찬양, 친교, 봉사, 헌금은 나를 구원해 주신 하나님께 감사하는 마음으로 해야 하는 것임을 깨닫게 되었습니다. 나의 죄를 용서해 주려고 십자가에서 피 흘려 죽으신 예수님을 생각하며 그 은혜에 감사하고 감격해서 신앙생활을 해야 하는 것임을 마음 깊이 느꼈습니다.

아무리 행위가 그럴듯해 보이고 결과가 괜찮아 보여도 하나님은 우리 행위의 동기와 중심을 보는 분이셨습니다. 하나님과의 첫사랑을 잊은 행위는 회개하지 않고는 결코 용서받을 수 없는 것이었습니다.

하나님은 "내 이름으로 일컫는 내 백성이 그들의 악한 길에서 떠나 스스로 낮추고 기도하여 내 얼굴을 찾으면 내가 하늘에서 듣고 그들의 죄를 사하고 그들의 땅을 고칠지라"(대하 7:14)라는 말씀을 붙들고 철저히 회개한 제 심령에 "예수가 십자가에서 흘린 보혈로 네 모든 죄를 용서했다. 네게는 결코 정죄함이 없다"고 말씀하셨습니다.

"그러므로 이제 그리스도 예수 안에 있는 자에게는 결코 정죄함이 없나니 이는 그리스도 예수 안에 있는 생명의 성령의 법이 죄와 사망의 법에서 너를 해방하였음이라"(롬 8:1-2).

주님의 두 아들

예수 그리스도가 십자가에서 흘리신 보혈로 지난날에 지었던 저의 모든 죄, 즉 우상 숭배 했던 죄와 못된 죄성과 습관들이 용서받았습니다. 하나님은 하나님과의 첫사랑을 잃어버린 잘못을 회개한 후 다시 첫사랑의 감격을 소유하게 된 제 심령에 치료의 말씀을 주셨습니다.

"이러므로 하나님이 그를 지극히 높여 모든 이름 위에 뛰어난 이름을 주사 하늘에 있는 자들과 땅에 있는 자들과 땅 아래에 있는 자들로 모든 무릎을 예수의 이름에 꿇게 하시고 모든 입으로 예수 그리스도를 주라 시인하여 하나님 아버지께 영광을 돌리게 하셨느니라"(빌 2:9-11).

예수님의 이름은 하늘의 천사와 땅에 있는 모든 인간과 땅 아래의 사탄 등 모든 무릎을 꿇게 하는 능력의 이름이라는 사실을 깨닫게 되었습니다. 하나님은 이러한 예수님의 이름의 권세와 능력을 이 세상 모든 사람에게 주시지 않고 특별히 하나님의 자녀들에게만 허락하셨습니다. 하나님의 자녀들이 신앙생활 하며 만나게 되는 환난이나 역경에서 승리하라고 주신 예수님의 이름을 저는 깨달았고 소유하게 되었습니다.

그 후 저는 저를 사망의 길로 끌고 가려고 7년이나 괴롭힌 병마를 예수 이름으로 쫓기 시작했습니다. "내가 나사렛 예수 이름으로 명하노니 나를 괴롭히는 모든 병마는 이 시간 나에게서 당장 떠나가라!"고 울부짖으며 외치고 또 외쳤습니다. 그리고 어느 날, 놀랍게도 말씀의 능력 앞에 병마가 여리고성이 무너지듯 제게서 떠나고 굴복하고 말았습니다. 하루도 약 없이는 살 수 없었던 저는 '여호와 라파'(치료하시는 하나님)의 하나님을 경험하고 1991년 5월에 완전히 치유되었습니다.

"주의 법이 나의 즐거움이 되지 아니하였더면 내가 내 고난 중에 멸망하였으리이다"(시 119:92).

누에가 고치에서 나와 나비가 되어 훨훨 날아오르듯이, 제 영과 육이 이루 형용할 수 없는 기쁨과 감격으로 행복해서 눈물바다를 이루었습니다.

병으로 앓아누운 7년 동안 초등학교에 다니던 두 아들은 어느새 자라서 고등학생, 대학생이 되어 있었습니다. 아이들에게 가장 중요한 시기에 엄마로서 아무것도 해 줄 수 없었지만, 오직 기노

만은 놓치지 않았습니다. "하나님! 저는 아들들을 키울 힘이 없어요. 능력이 없어요. 우리 두 아들을 하나님이 키워 주세요. LA에 청소년기의 자녀들 때문에 고통스러워하는 가정들이 많다고 들었어요. 하나님! 우리 두 아들을 구별해서 키워 주시고 믿음으로 키워 주세요. 훗날 하나님께 영광을 올려 드리는 아들들로 자라게 해 주세요." 날마다 눈물로 간절하게 기도했습니다.

두 아들은 고통 중에 괴로워하는 엄마의 모습을 보면서 자신들의 힘겨웠을 사춘기를 잊은 채 자랐습니다. 엄마를 사랑하며 엄마가 해야 할 살림을 서로 맡아 하면서 부모 따라 한 주도 빠지지 않고 교회에 나가 신앙생활을 잘해 주었고 공부도 열심히 잘했습니다. 저는 "눈물로 기도한 자식은 망하지 않는다"는 성 어거스틴의 말을 생각하면서, 이 험한 세상에서 하나님이 지켜 주시고 성실하고 군건한 믿음의 아들들이 되게 해 달라고 눈물로 기도한 것밖에 없었습니다. 그런데 하나님이 정말 멋지게 두 아들을 키워 주셨습니다.

큰아들은 극심한 가난에 시달리며 고통 가운데 신음하는 엄마를 돌보면서 식당에서 일하고 외판원을 하면서도 열심히 공부해 하버드대학을 나왔습니다. 명예와 부를 얻을 수 있었지만 어릴 때 하나님께 서원한 기도를 지키기 위해 모든 것을 내려놓고 LA에 있는 교회에서 EM(English Ministry, 영어 예배) 사역자로 성령 충만하게 사역을 했습니다.

탈북자 통곡의 기도회 때 손인식 목사님이 미국의 1.5세 대표로 큰아들을 뽑으셔서 미국은 물론 한국에까지 가서 메시지를 전하게 되었습니다. 큰아들은 전 세계에 흩어져 있는 청소년들을 향해 "주님의 마음을 품고 열방을 향해 나가서 우리 하나님의 소원을 이루어 드리자!"라고 외쳤습니다. 하나님은 그런 큰아들의 마음속에 선교의 비전을 주셨습니다.

중국을 통해 북한 선교를 하려고 중국 땅에 여러 번 다녀왔지만 선교의 문이 바로 열리지 않았습니다. 이후 여러 모양으로 역사하시는 하나님께 순종하면서 지금은 BAM(Business As Mission, 비즈니스 선교)이라는 선교 단체에서 사역을 감당하고 있습니다. 하나님의 때를 기다리며 기도 중에 있습니다.

작은아들은 뉴욕에 있는 병원에서 ER(Emergency Room, 응급실) 의사로 일하고 있습니다. 레지던트를 하면서 맨해튼에 살고 있는 노숙자들을 찾아가서 의료 봉사를 할 때 하나님이 가난한 자, 불쌍한 자, 소외된 자들에 대한 주님의 마음을 품게 하셨습니다. 졸업한 후에는 의사로서 환경이 열악한 아프리카, 멕시코에 가서 의료 선교를 했습니다. 특히 아이티에서는 지진이 나기 전부터 1년에 몇 차례씩 의료 선교를 해 왔습니다. 지금은 온 가족이 폴란드에 가서 2년째 의료 선교를 하고 있습니다. 지금까지 불쌍한 이들을 가슴에 품고 돌보는 일을 기쁨으로 잘 감당하고 있어 하나님께 영광과 찬양을 드립니다.

부모의 눈물의 기도를 들으신 하나님이 두 아들을 하나님 나라의 일꾼으로 삼아 주신 것이 얼마나 감사하고 기쁜지 형용할 수 없을 정도입니다.

2장 무엇으로 하나님을 기쁘시게 할까?

-

하프타임에 떠난
순례길

-

생사의 기로에서 시작된 전도

제가 하나님의 말씀의 능력으로 치유 받은 후 20일쯤 되었을 때 청천벽력 같은 소식을 들었습니다. 7년 동안 대장 경련 합병증으로 고통 속에 신음하던 저를 헌신적인 사랑으로 보살펴 준 남편이 피곤에 지쳐서 간암 선고를 받은 것입니다. 1991년 6월이었습니다.

1991년 당시, 간암 진단을 받으면 6개월 또는 1년을 살 수 있다고 했습니다. 하지만 우리 부부는 절망하지 않았습니다. 간암 선고를 받은 남편은 자신이 죽으면 천국에 가겠지만, 살아 있는 동안에 하나님이 가장 기뻐하시는 일을 하다가 가겠다며 말씀을 묵상하기 시작했습니다. 절망 대신 남은 시간을 하나님을 위해 살기로 한 것입니다. "하나님이 가장 기뻐하시는 일이 무엇입니까? 하나님의 소원은 무엇입니까?"라고 질문하며 묵상할 때 하나님이 가장 기뻐하시는 일이 전도라는 사실을 깨닫게 해 주셨습니다. "하나님은 모든 사람이 구원을 받으며 진리를 아는 데에 이르기를 원하"(딤전 2:4)신다는 것을 알게 되었습니다.

그러나 현실의 벽은 높았습니다. 당시 저는 몸무게가 40kg밖에 나가지 않을 정도로 연약한 상태였습니다. 병의 후유증으로 일을 할 수가 없었습니다. 남편은 간암 선고를 받았어도 생활고 때문에 일당 30-40불을 받고 일을 해야만 했습니다.

그러던 어느 날 우리가 다니던 나성영락교회에서 수요예배를 드리며 찬송 "내 너를 위하여"를 부를 때 남편은 통곡하고 말았습니다. "(1절 하) 널 위해 몸을 주건만 너 무엇 주느냐 / (2절 하) 내 몸을 희생했건만 너 무엇 하느냐 / (3절 하) 네 죄를 대속했건만 너 무엇 하느냐 / (4절 하) 이것이 귀중하건만 너 무엇 주느냐"(새찬송가 311장). 남편은 2절을 부를 때부터 의자에서 내려와 무릎을 꿇고 하나님의 질문에 답변할 수 없음에 울부짖었습니다. 죽음이 두려운 것이 아니라 하나님 앞에 섰을 때 답변할 말이 없음이 두려웠다고 합니다. 이후 남편은 기도하면서 '하나님께 무엇을 드리면 가장 기뻐하실까?'를 생각하며 말씀을 읽었습니다.

"우리가 다른 가까운 마을들로 가자 거기서도 전도하리니 내가 이를 위하여 왔노라"(막 1:38)라는 말씀을 볼 때 예수님이 우리를 구원하기 위해 전도하러 오셨다는 말씀이 눈에 확 들어왔습니다. 그 순간, 남편은 '예수님이 전도하러 오셨다면 나도 전도해야지' 하고 결단했습니다. 예수님이 우리에게 주신 새 계명은 '하나님 사랑, 이웃 사랑'인데, 이웃이 어렵고 아플 때 도와주는 것도 귀한 사랑이지만 그의 영혼을 위해 전도하는 것이야말로 사랑의 극치임을 깨달았습니다.

또한 남편은 예수님이 십자가에서 우리의 죄를 위해 죽으시고 3일 만에 부활하신 후 승천하시면 되는데 왜 40일 동안 이 땅에 남아 계셨는지 궁금했습니다. 복음서를 읽으며 깨달은 사실은, "가서 믿지 않는 영혼에게 복음을 전하라"라는 지상명령을 전달하시기 위해서라는 것이었습니다.

복음서에는 "그러므로 너희는 가서 모든 민족을 제자로 삼아 아버지와 아들과 성령의 이름으로 세례를 베풀고 내가 너희에게 분부한 모든 것을 가르쳐 지키게 하라"(마 28:19-20), "너희는 온 천하에 다니며 만민에게 복음을 전파하라"(막 16:15), "너희는 이 모든 일의 증인이라"(눅 24:48), "너희에게 평강이 있을지어다 아버지께서 나를 보내신 것같이 나도 너희를 보내노라"(요 20:21) 등 전도를 명령하시는 예수님의 말씀이 많이 기록되어 있었습니다. 하나님은 복음서의 결론이 모두 '전도'이고, 하나님의 소원은 '영혼 구원'이라고 말씀하셨습니다.

남편은 간암 선고를 받은 지친 육신이었지만 하나님의 소원을 이루어 드리고 싶어 마켓으로 나가 노방 전도를 시작했습니다. 우리는 LA 북쪽 벨리에 살았는데 큰 미켓은 코리아타운에 있었기 때문에 낮에는 일을 하고, 저녁에 나가서 열심히 전도를 했습니다. 노방 전도를 하면서 남편의 영혼에는 기쁨이 넘쳤고 성령으로 충만해졌습니다. 매일매일 하나님이 연약한 육신을 지배할 능력을 주셨습니다.

전도할 때의 기쁨은 무엇과도 바꿀 수 없었고, 비교할 수도 없었습니다. 전도하다가 죽으면 천국에 가서 하나님께 답변할 말이 있기에, 남편은 자신이 간암 환자라는 사실조차 잊은 채 전도를 열심히 했습니다. 마침 나성영락교회에서 1991년 6월 30일에 '630 예수 초청 잔치'가 있었습니다. 남편은 전도에 열을 올렸습니다. 얼굴이 홍당무같이 빨갛게 달아오르도록 마켓 앞에서 열심히 전도해 믿지 않는 많은 사람을 교회로 인도했습니다. 이처럼 하나님은 1991-93년까지 복음을 전하도록 우리 부부의 마음에 열정을 부어 주셨습니다.

"자기 목숨을 얻는 자는 잃을 것이요 나를 위하여 자기 목숨을 잃는 자는 얻으리라"(마 10:39).

그러던 중에 하나님은 말씀으로 약속하신 대로, 오직 영혼 구원을 위해 몸부림치는 남편의 건강을 치유해 주셨습니다. '여호와라파'의 놀라운 경험을 하도록 역사하셨습니다. 전도하다가 죽으면 천국에 가겠다는 열심으로 전도했는데, 하나님은 진리의 말씀을 적용시켜 남편의 생명을 연장시켜 주셨고 건강하도록 복을 주셨습니다.

우리 부부는 많은 사람을 교회로 데리고 왔지만 만족하지 못했습니다. 전도의 모양은 가졌지만 전도가 아니라 인도였다는 사실을 깨닫고는 전도하는 방법을 배우기로 했습니다. 성경은 "너희 마음에 그리스도를 주로 삼아 거룩하게 하고 너희 속에 있는 소망에 관한 이유를 묻는 자에게는 대답할 것을 항상 준비하되 온유와 두려움으로 하고"(벧전 3:15)라고 말하는데, 당시 우리는 소망에 관한 이유를 묻는 자에게 대답할 것을 준비하지 못했습니다. 그래서 나성영락교회에서 1993년에 열린 전도폭발 훈련 제5기생으로 등록해 16주간 훈련을 받았습니다.

전도 훈련을 받은 후 우리 부부에게는 엄청난 변화가 있었습니다. 우리가 살아야 할 이유와 목적을 깨닫게 되었고, 전도에 자신감이 생겨서 어디서 누구를 만나든지 복음을 전했습니다. 많은 영혼이 예수님을 구주로 영접해 하나님 나라가 확장되는 기쁨을 맛보았습니다. 뿐만 아니라 하나님이 소극적이고 내성적인 우리 부부의 성격을 적극적이고 담대하게 변화시켜 주셔서 자신감을 갖게 하셨습니다. 우리 삶의 우선순위와 가치관이 변화되었습니다.

이후 교회에서 전도폭발 훈련자로 9년 동안 지속적으로 헌신했고, 동양선교교회와 주님의영광교회에 가서 전도폭발 훈련자로 돕는 사역을 감당하기도 했습니다. 개인적으로는 집에서 성경 공부와 중보기도 모임을 하면서 복음을 전할 기회를 많이 갖도록 하나님이 도와주셨습니다. 우리 부부에게는 자나 깨나 오직 전도할 영혼을 위해 기도하며 그들을 찾아나서는 일이 최대 관심사였습니다.

"너는 말씀을 전파하라 때를 얻든지 못 얻든지 항상 힘쓰라"(딤후 4:2)라는 말씀에 순종해 삶의 매 순간을 전도의 기회로 삼았습니다. 마켓, 공원, 병원, 양로원, 대학 교정, LA 공항을 다니면서 전도하는 일에 많은 시간을 들였습니다. 하늘에 소망을 두고 열심히 전도하는 일은 세상의 어떤 일보다 기쁘고 행복했습니다. 우리 부부는 날로 성령 충만해졌고, 세월이 가는 것이 너무 아깝고 시간이 늘 부족했습니다. 천하보다 귀한 영혼들이 주께로 돌아올 때마다 우리 주님이 기뻐 노래하시고, 우리 주님이 기뻐 춤추시는 깊은 감동을 느낄 수 있었습니다.

그분이 예수님이셨다

남편은 집을 수리하는 막노동을 하면서도 전도하는 일을 쉬지 않았습니다. 일을 하면서 집주인에게 복음을 전하다가 시간이 부족하면 저더러 오라고 해서 끝까지 복음을 전해 예수님을 영접하도록 했습니다. 이처럼 우리 부부는 전도 생활을 신이 나서 기쁨으로 계속했습니다. 만나는 사람마다 복음을 전했습니다.

언젠가 집 근처에 있는 대학 교정에서 전도할 때의 일입니다. 한 청년을 만났는데, 그는 유학 오기 전부터 어머니의 권유를 뿌리치고 교회를 다니지 않고 있었습니다. 그런데 그날 하나님의 은혜로 예수님을 영접하고 하나님의 자녀가 되었습니다. 청년이 한국에 계신 어머니에게 전화하면 제일 기뻐하실 것이라며 강의실로 뛰어가던 모습이 지금도 눈에 선합니다.

LA 공항에서는 이렇게 전도했습니다. 한국에서 온 승무원들은 주일을 호텔에서 지내는데, 교회가 어디에 있는지도 모르거니와 갈 수도 없다는 사실을 알게 되었습니다. 그래서 우리 부부는 그들이 묵고 있는 호텔을 찾아가 주일에 예배를 드릴 수 있도록 도와주었고, 오고 가는 차 안에서 복음을 전했습니다. 또한 시간이 될 경우 집으로 데리고 와서 저녁 식사를 대접하면서 열심히 복음을 전했습니다.

영국의 브리티스항공에서 일하는 한국 승무원이 13명 있었는데, 번갈아 LA 공항에 왔습니다. 우리는 그들을 집에 초대했고, 저녁을 먹은 후에는 꼭 복음을 전해 하나님의 자녀가 되는 기쁨을 안겨 주었습니다. 안식교에 다니던 어떤 자매는 예수님을 영접한 후 한국에 가서 안식교를 떠나 장로교 교회에 다닌다는 기쁜 소식을 전해 들었습니다. 할렐루야!

어느 날 한국에서 전화가 왔습니다. 미국 LA(Los Angeles)에 가면 천사(Angel) 둘이 있다는 소문을 들었다며 전화한 것이라고 했습니다. 전에 비행기 승무원이었는데, 당시는 결혼해 아들 둘을 둔 가정주부였습니다. 가족이 이민을 가려고 준비 중인데 남편이 먼저 갔으니 만나서 교회로 인도해 달라는 부탁이었습니다. 하나님이 우리 부부를 사용해 주시는 것이 얼마나 감사했는지 모릅니다! 그분의 남편을 만나서 성경책을 선물해 주자 매우 기뻐하며 오늘이 자기 생일이라고 했습니다. 몇 달 후에 아내와 두 아들이 미국에 왔고, 그때부터 나성영락교회에 열심히 다녀 충성스런 구역장이 되었습니다. 그 가정의 두 아들은 찬양 사역자로 헌신적으로 봉사하고 있습니다. 아내는 전도사가 되었는데 복음을 얼마나 잘 전하는지 모릅니다.

우리 부부는 오직 전도하는 기쁨으로 충만했지만 한 가지, 해외에서 선교하지 못하는 것이 안타까웠습니다. 매년 여름이면 교회에서 단기 선교를 갔다 오는데, 비용이 많이 들기 때문에 우리 가족은 참여하지 못했습니다. 대신에 국경 가까이에 있어 3시간이면 갈 수 있는 해외 지역인 멕시코 티화나에서 선교하기로 결심했습니다. 한 달에 한 번씩 그곳 고아원 2곳과 교회를 다니면서 하나님의 사랑을 나누는 사역을 했습니다. 우리 집에서 함께 성경 공부를 하는 분들의 도움을 받아 옷가지와 음식을 사서 굶주림에 허덕이는 이들을 찾아가 주님의 사랑을 나누었습니다.

하지만 그렇게 선교한다고 했지만 2년 후에 마주한 우리의 자화상은 영혼 구원이 아닌 구제뿐이었습니다. 선교에 대한 대리만족이라는 생각에 그만 두었습니다. 사실 말도 통하지 않는 곳에 가서 무슨 사역을 얼마나 할 수 있겠습니까.

이제 전도에만 전심전력하기로 마음을 먹고 열심히 전도하던 어느 날이었습니다. LA 코리아타운에 있는 한 마켓에서 복음을 전하고 있었는데, 약국 앞 땅바닥에 우두커니 앉아 있는 사람을 발견했습니다. 전도하려고 다가가서 보니 노숙자였습니다. 얼굴과 손이 더러웠고 옷에서 냄새가 났습니다. 하지만 남편은 그분 옆에 앉아서 잠깐 하나님께 기도를 드렸습니다. "하나님, 이분에게 무슨 말부터 해야 할까요?" 기도 후 남편의 입에서 나온 말은 이러했습니다. "선생님은 축복을 많이 받으신 것 같습니다."

그분은 양복 입은 사람이 노숙자인 자기에게 한 말을 듣고 기분 나쁜 얼굴로 쳐다보았습니다. 그때 남편은 말하기를, "저는 사업에 실패한 후에 한강 다리에서 자살하려고 했습니다. 그때 하나님이 저를 붙들어 주셨습니다. 그 후부터 교회에 나가서 예수님을 믿고 인생이 바뀌었는데 그때 제 나이는 서른일곱이었습니다. 그런데 선생님의 나이는 그때의 제 나이보다 젊어 보이네요. 지금이라도 선생님이 예수님을 믿으면 저보다 더 큰 축복을 받으실 수 있기에 그렇게 말한 것입니다" 했습니다.

그분은 수긍이 갔던지, 남편이 전하는 복음을 잘 받아들여 영접기도를 드렸습니다. 손을 맞잡고 간절히 기도한 후 얼굴을 보았더니 서로 감격해 울고 있었습니다. 남편은 "당신과 저는 주 안에서 형제입니다" 하며 와락 껴안고 기뻐했습니다. 그 순간은 오고 가는 사람들을 전혀 의식하지 못할 정도로 감동의 시간이었고, 냄새도 전혀 느껴지지 않았답니다. 남편은 주머니에 있는 돈을 꺼내 얼마 되지는 않지만 손에 쥐어 주면서 도움이 필요할 때 연락하라고 전화번호를 적어 주고 헤어졌습니다.

며칠 후에 남편은 함께 성경 공부를 하는 분들에게 그 일을 통해 전도하는 사람으로서 주님의 마음을 조금은 갖게 되었다고 간증을 했습니다.

그날 밤이었습니다. 남편은 잠을 자는데 비몽사몽 간에 자기 이름을 부르는 소리가 들려서 대답을 했습니다. 며칠 전 마켓 앞 노숙자와 있었던 일이 떠오르면서 "그 사람을 주 안에서 형제로서 사랑한다면서 왜 집에 데리고 와서 샤워를 시키고, 새 옷으로 갈아입히고, 식탁에서 함께 밥을 먹고, 잠을 재워 주지 않았느냐"라는 음성이 들렸습니다. 남편은 벌떡 일어나서 "그분이 예수님이셨습니까?"라고 되뇌었고, 이후 잠을 제대로 잘 수가 없었습니다. 다음 날 안타까운 마음으로 전도했던 마켓으로 갔지만 그 노숙자를 만날 수가 없었습니다. 맥아더공원과 많은 노숙자가 잠을 청하는 곳을 찾아가 보았지만 만날 길이 없었습니다.

그날 밤 하나님은 남편에게 하나님이 복음 전하는 자의 마음자세를 보시는 분임을 깨닫게 하셨습니다. 형식적으로, 입으로만 복음을 전하는 것이 아니라, 생명까지 주신 주님의 사랑을 갖고 전도 대상자에게 복음을 전해야 한다는 사실을 알려 주셨습니다.

이후 우리 부부는 하나님의 소원을 이루어 드리고 싶다는 간절한 마음으로 열심히 동분서주했습니다. 부족함에도 사용해 주시는 하나님께 감사해서 기쁜 마음으로 복음을 전했습니다.

한 영혼을 만나는 기쁨

하나님은 우리 부부에게 전도에 대한 부담감을 동일하게 주셨고 열정도 주셨습니다. 그런 우리는 어느 곳이든 성령님의 인도하심을 받으면 달려가서 복음을 전했습니다.

LA 공항에서 전도할 때였습니다. 택시를 타려고 기다리는 40대 여자분에게 어느 곳으로 가시냐고 물어보았더니 공항에서 1시간 30분 정도 떨어진 팜데일에 간다고 하셨습니다. 우리가 모셔다 드리겠다고 하니 고마워하셨습니다. 거리가 조금 멀어도 전도할 기회라고 생각했기 때문에 기꺼이 섬길 수 있었습니다.

그분은 인천에 사시며, 초등학교 교장선생님이라고 하셨습니다. 달리는 차 안에서 서로 인사를 나누며 화기애애할 때 성령님이 강력한 인도하심으로 복음을 차근차근 전하게 하셨습니다. 그런데 놀랍게도 그분은 성령님이 예비하신 분이셨습니다. 복음을 들으면서 차 안에 있는 갑 티슈의 화장지를 다 쓸 정도로 눈물을 흘리셨습니다. 그분은 감격스럽게 예수님을 구주로 영접해 하나님의 자녀가 되는 기쁨을 누리셨습니다.

그분은 얼마 후 한국으로 돌아가셨고, 그 후부터 마음에 큰 부담을 느끼셨습니다. 예수님이 십자가에서 흘리신 보혈로 자신의 모든 죄를 용서해 주셨다고 생각하니 감사했습니다. 그리고 하나님의 자녀로 살 수 있도록 예수님이 부활하셨다는 사실을 믿게 되자, '영생의 선물을 하나님으로부터 값없이 받았으니 이제 나는 무엇을 하나님께 드려야 할까?'를 생각하게 되었습니다. "내게 주신 모든 은혜를 내가 여호와께 무엇으로 보답할까"(시 116:12)라는 시편 기자의 고백처럼 말입니다.

새벽기도회에 나가서 기도할 때 하나님이 지혜를 주셨습니다. 이후 그분은 교정에서 뛰어놀고 있는 아이들과 교무실의 선생님들에게 복음을 전하셨고, 한 달에 한 번 있는 교장 회의에 가면 회의가 끝난 후 꼭 한 분에게 복음을 전하는 전도자가 되셨습니다.

우리 부부는 한 사람에게 복음을 전했는데 그 한 사람이 더 많은 사람에게 복음을 전하다니, 얼마나 기쁘고 감사한지 이루 형용할 길이 없습니다.

"또 네가 많은 증인 앞에서 내게 들은 바를 충성된 사람들에게 부탁하라 그들이 또 다른 사람들을 가르칠 수 있으리라"(딤후 2:2).

우리 부부는 매주 월요일 집에 모여서 성경 공부와 중보기도 모임을 가졌습니다. 처음에는 다른 성도의 집에서 시작했습니다. 당시 우리는 조그만 아파트에 살았고, 사실 집을 살 수 있는 실입주금을 낼 돈도 없었습니다. 그런데 성령님이 우리 부부에게 성경 공부를 할 수 있는 넓은 거실이 있는 집을 구하도록 강력한 부담을 주셨습니다.

매일 저녁 동네를 돌면서 주차 공간이 넉넉하고 누구나 찾기 쉬운 집을 기도하며 찾아다녔습니다. 어느 날 알맞은 집을 찾았고, 다음 날 아침에 부동산 중개인을 만나 그 집 안으로 들어갔습니다. 그 순간 우리 부부는 너무 놀라서 넘어질 뻔했습니다. 그 집의 거실은 60명도 넘게 모일 수 있을 만큼 넓었고 그 집의 주인도 이미 성경 공부를 하고 있었던 것입니다.

하나님이 놀라운 방법으로 어떤 분을 통해 실입주금을 마련해 주셔서 집을 사게 되었고, 그다음 주부터 우리 집에 많은 교인이 모이기 시작했습니다. 매주 월요일이면 즐겁고 기쁜 마음으로 음식을 준비해 대접하며 성경 공부를 하고 찬양을 불렀습니다. 당시 우리 부부가 누린 충만함은 천국의 기쁨 그 자체였습니다. 하나님은 전도하는 자에게 관심이 있으시고 그를 축복하신다는 사실을 경험할 수 있었습니다.

남편은 집을 수리하는 일을 마치고 돌아올 때면 꽃가게에 들러 꽃모종을 한두 개씩 사들고 와서 심었습니다. 심은 꽃들이 잘 자라서 수영장 주변에 아름답게 어우러져 피었습니다. 과실나무에 열린 과일들은 풍성함을 더해 주었습니다. 한국일보에서 와서 정원이 아름답다며 사진을 찍어 갔고, 성경 공부를 하려고 온 성도들이 입을 모아 "이 집은 마치 에덴동산같이 아름답다"며 좋아해 쉬어 가곤 했습니다.

일대일 제자양육을 하면서 초신자들의 신앙이 성장해 갔으며, 각자 섬기는 교회는 달라도 아름다운 성도의 교제가 이루어졌습니다. 우리는 함께 대학 교정으로 가서 전도를 했고, 양로원과 병원을 찾아가서 임종을 앞둔 노인들에게 복음을 전해 영생의 소망을 갖도록 했습니다. 매주 사역에 힘썼습니다. 부족한 우리 부부가 복음의 능력 안에서 많은 영혼이 주께 돌아와 하나님 나라가 확장되는 일에 쓰임 받는 데 감사하면서 최선을 다해 열심히 전도했습니다. 어느새 전도는 우리의 부업이 아니라 전업이 되었습니다.

매주 화요일 저녁이면 남편은 나성영락교회로 향했습니다. 비록 막노동을 하고 돌아와 피곤했지만 교회에서 전도폭발 훈련자로 헌신했기에 빠짐없이 참석해 책임을 감당했습니다. 그러면서 신앙생활을 오랫동안 했고 열심히 봉사했으나 여전히 구원의 확신이 없는 상태로 종교생활을 하고 있는 교인들이 많다는 것을 알고는 정말 마음이 안타까웠습니다. 그들은 죽은 후에 천국에 갈 것이라고 막연히 믿고 있을 뿐, 천국에 들어가는 믿음이 무엇인지를 알지 못했습니다. 그냥 열심히 교회생활을 하는 데만 전념했습니다.

"너희는 그 은혜에 의하여 믿음으로 말미암아 구원을 받았으니 이것은 너희에게서 난 것이 아니요 하나님의 선물이라"(엡 2:8)라는 말씀처럼 천국은 자기의 열심과 노력으로 들어가는 곳이 아닙니다. 오직 예수님이 나의 죄를 용서하기 위해 십자가에서 피 흘려 죽으셨고, 나의 영생을 위해 부활하셨음을 믿기만 하면 누구든지 그 믿음으로 구원받습니다.

미국 50개 주를 향해

우리가 받아 누리는 영적인 축복을 전하려고 동분서주하며 5년을 보낸 1998년, 하나님은 하나님의 비전을 주셨습니다. 그 비전은 "LA에서만 전도하지 말고 미국 50개 주를 향해 떠나라"라는 것이었습니다. 우리 부부는 그 음성을 듣고 매일같이 새벽기도회에 나가서 무릎 꿇고 하나님께 기도를 드렸습니다. 우리를 이곳까지 인도하신 에벤에셀의 하나님을 찬양하면서, 오직 하나님만을 의지하는 믿음으로 하나님께 순종하겠다고 결단했습니다. 우리를 향한 하나님의 비전을 이루어 드리는 것만이 하나님의 은혜에 보답하는 길이라고 믿으며, 사도 바울의 고백을 우리의 고백으로 삼고 떠나기를 소원하며 기도했습니다.

"너희 안에서 행하시는 이는 하나님이시니 자기의 기쁘신 뜻을 위하여 너희에게 소원을 두고 행하게 하시나니"(빌 2:13).

우리를 오늘에 이르게 하신 하나님이 앞으로도 우리의 갈 길을 인도하실 것이며, 어떠한 고난도 능히 이길 힘을 주시리라 믿었습니다. 광야의 이스라엘 백성에게 만나와 메추라기를 공급해 주시고 반석에서 생수를 내신 하나님을 경험하기 원했으며, 예수님을 알지 못하는 이들에게 복된 소식을 전하고 싶은 마음의 소원이 간절했습니다. 또한 교회 안에 거듭나지 못한 영혼들이 예수님을 영접할 수 있도록 도와 하늘나라 생명책에 그 이름이 기록되는 축복의 기회를 주기 원했으며, 각 지역에서 전도하며 병원과 양로원에서 예수 이름을 전하겠다고 다짐했습니다.

우리 부부의 전도 사역을 통해 평신도들의 마음속에 복음 전도의 동기가 생기고 전도 동역자들이 많이 나오기를 기도했습니다. 우리는 이 일이 하나님이 가장 기뻐하시는 일이라고 믿었기에 기쁜 마음으로 예수 이름을 높이며 찬양하고 기도했습니다.

가난과 병으로 얼룩진 지나온 세월 속에 한 번도 가 보지 못한 미국 50개 주였지만 하나님께 순종하기 원했습니다. 우리는 미국 지도 퍼즐에서 미국 주 조각을 몇 개씩 들고 새벽기도회에 나가 하나님께 보여 드리며 기도했습니다. "하나님! 하나님이 가라고 하신 땅입니다. 애리조나, 텍사스, 콜로라도, 뉴욕 땅입니다. 한 번도 가 보지 못했지만 하나님이 가라고 하시니 가겠습니다. 전도의 문을 열어 주십시오." 날마다 번갈아 50개 주의 땅을 붙들고 눈물로 기도했습니다. 무엇을 어떻게 해야 하는지도 모르면서, 그냥 순종하겠다고 고백하면서 매일같이 시간 가는 줄도 모르고 몇 시간씩 기도를 했습니다.

그러나 우리의 기도와는 상관이 없다는 듯 사탄의 공격이 시작되었습니다. 연이어 사건이 터졌습니다. 1998년에 IMF로 경제위기가 왔을 때 남편이 하는 일도 타격을 받아 생활이 어렵게 되었습니다. 급기야 하나님이 마련해 주신 집까지도 빼앗길 상황에 이르렀습니다. 여호와 이레의 하나님이 주신 집인데 그냥 빼앗길 수가 없어서 애타는 마음으로 하나님께 간구했습니다. 그때 하나님이 창세기 22장에서 아브라함이 모리아산에 올라가서 아들 이삭을 번제로 드리는 장면을 묵상하게 하셨습니다.

"그 아이에게 네 손을 대지 말라 그에게 아무 일도 하지 말라 네가 네 아들 네 독자까지도 내게 아끼지 아니하였으니 내가 이제야 네가 하나님을 경외하는 줄을 아노라"(창 22:12).

하나님이 약속하신 말씀을 굳게 믿고 칼을 들어 아들을 죽이려는 마지막 순간에 하나님의 응답을 받은 아브라함의 믿음을 보았습니다. 우리는 전적으로 하나님의 주권을 믿으며 "아브라함과 같이 하나님이 응답해 주실 때까지 포기하지 않고 순종하겠습니다. 전도의 문을 열어 주세요. 어떠한 고난과 어려움이 와도 좌절하지 않고 오직 하나님의 비전을 이루고 싶습니다"라고 애타게 기도했습니다.

"내가 여호와를 기다리고 기다렸더니 귀를 기울이사 나의 부르짖음을 들으셨도다"(시 40:1)라는 시편 기자의 고백이 우리의 고백이 되었습니다. 하나님이 우리 부부의 부르짖음을 들으셔서 집을 빼앗기지 않도록 은행에서 잘 선처를 해 주도록 놀랍게 역사하셨습니다.

그러나 사탄은 포기하지 않고 또 다른 방법으로 우리를 괴롭히기 시작했습니다. 우리 부부는 떠나기 전에 교통사고를 연이어 두 번이나 당했습니다. 모두 상대방의 실수였습니다. 첫 번째 사고에서 저는 갈비뼈 4개가 부러지는 중상을 입고 입원을 했습니다. 1년 동안 고생을 하면서 치료를 받은 후 마침내 운전을 할 수 있게 되어 프리웨이를 달리는데 어떤 차가 갑자기 뒤에서 우리 차를 들이받아 척추와 목뼈를 다쳤습니다. 그 후 오랫동안 물리치료를 받아야 했습니다.

사탄은 하나님의 비전을 이루지 못하도록, 순종하지 못하도록 계속해서 방해를 했습니다. 그러나 우리 부부는 좌절하거나 낙심하지 않고 하나님의 비전을 붙잡고 계속해서 기도했습니다. 그 일을 성취하기 원하시는 하나님의 마음을 알게 되자 새벽마다 기도할 때 눈물이 앞을 가려 주체할 수가 없었습니다. 두 손을 번쩍 들고 고백하고 또 고백하기를 수없이 했습니다. "하나님! 사랑합니다. 사랑하는 하나님의 말씀에 순종하겠습니다. 어떤 고난의 길이라도 인내하면서 주신 사명을 감당하겠습니다. 최선을 다하겠습니다."

기도가 끝나면 항상 입에서 터져 나오는 찬양은 "주님 내가 여기 있사오니"였습니다. 두 손을 번쩍 들고 찬양을 부르는 제 눈에서는 기쁨의 눈물, 감사의 눈물이 범벅되어 흘러내렸습니다.

또한 손을 번쩍 들고 찬양하고 있는 제 오른쪽 손바닥 위에는 하나님이 주신 우리 집이 올라와 있었고, 왼쪽 손바닥 위에는 남편과 두 아들이 올라와 있었습니다. 하나님은 우리가 모든 것을 아낌없이 버리기 원하신다는 것을 매일같이 기도하면서 깨닫게 하셨고, 순종할 마음도 주셨습니다. 그리고 2001년 12월 어느 날, 기도하는 가운데 말씀을 주셨습니다.

"그러므로 너희는 가서 모든 민족을 제자로 삼아 아버지와 아들과 성령의 이름으로 세례를 베풀고 내가 너희에게 분부한 모든 것을 가르쳐 지키게 하라 볼지어다 내가 세상 끝 날까지 너희와 항상 함께 있으리라 하시니라"(마 28:19-20).

하늘과 땅의 모든 권세를 가지신 예수님이 임마누엘의 축복을 약속하시면서 떠나라고 하시는 것을 확신하게 되었습니다. 우리 부부는 의심 없이 하나님의 명령으로 받았고, 2002년 1월 1일 기쁨으로 떠날 준비를 시작했습니다.

우선, 우리가 살던 집을 팔기 위해 내놓았고 남편이 하던 집을 수리하는 일도 그만 두었습니다. 미국에 와서 처음으로 하나님의 은혜로 마련한 정들었던 아름다운 집이지만 하늘나라를 위해 팔 아야만 했습니다. 예수님이 "나를 따라오라 내가 너희를 사람을 낚는 어부가 되게 하리라"(마 4:19)라고 말씀하시자 제자들이 곧 그 물을 버려두고 예수님을 따랐듯이, 하나님은 우리에게도 그동안 아끼던 것들과 사랑하는 자녀들과 손녀들을 뒤로하고 말씀에 순 종할 수 있는 믿음을 주셨습니다.

미국 50개 주를 다니며 전도한다는 것이 너무 막연했습니다. 하 지만 기도하는 가운데 먹고, 자고, 타고 다닐 수 있는 RV를 사도록 하나님이 아이디어를 주셨습니다.

그즈음 한 목사님이 그만한 결단과 열정으로 중국에 가서 사역 을 한다면 교회에서 사역비를 충분히 줄 테니 생각해 보라고 제의 를 하셨습니다. 하지만 하나님이 우리 부부를 미국 50개 주를 향 해 부르셨다고 확신했기에 사양했습니다. 우리에게 주신 하나님 의 비전을 알아주는 사람이 단 한 명도 없고 단 하나의 교회도 없 어도, 천하보다 귀한 한 영혼을 찾아서 나갈 때 하나님이 분명히 역사해 주시리라 믿었습니다.

RV와 인생의 하프타임

미국 50개 주에서 복음을 전하기 위해 떠날 준비가 시작되었습니다. 그런데 1982년 1월 미국에 와서 2002년 1월까지 꼭 20년간 살아온 모든 것을 정리하는 일이 그리 쉽지는 않았습니다. 집 정리를 하면서 얼마나 많이 회개했는지 모릅니다. 쓰지도 않으면서 구석구석 쌓아 놓은 물건들과 입지도 않으면서 걸어만 놓은 옷들을 보면서 욕심껏 움켜쥐고 살아온 제 모습이 얼마나 불쌍하던지 회개의 눈물이 한없이 흘렀습니다.

이제 중고 RV도 준비되었고 모두 정리가 되었습니다. 그런데 남편이 일하던 차와 모든 장비가 정리되지 못한 채 버티고 있었습니다. 누구든지 성실하게 일할 사람이 있으면 그냥 넘겨주고 떠나려고 했는데 찾지 못해 안타까웠습니다. 그러다가 떠나려는 전날 밤 9시에 어떤 분으로부터 전화가 걸려 와서 만났습니다. 그분은 누구의 소개로 왔다면서 무조건 1만 5천 불을 남편 손에 쥐어 주

면서 일하던 차와 모든 장비를 가지고 갔습니다. '아! 신실하신 하나님!'

모리아산에서 마지막 순간에 이삭을 구해 주신 여호와 이레의 하나님이 우리의 중심을 보셨고, 알지도 못하는 사람을 보내 떠나는 우리의 필요를 채워 주셨습니다. 우리는 여호와 이레의 하나님을 체험하면서 정말 감격했습니다.

그러나 기뻐하며 의기양양한 우리에게 하나님은 "너희 전대에 금이나 은이나 동을 가지지 말고 … 일꾼이 자기의 먹을 것 받는 것이 마땅함이라"(마 10:9-10)라고 말씀하셨습니다. 우리는 예수님이 열두 제자를 전도하러 보내며 하신 말씀을 우리 부부에게 하시는 것으로 받았습니다.

미국 50개 주를 향해 갈 바를 모르고 방향도 없이 떠나면서 아무것도 가지지 말라니요! 그러나 하나님은 약속을 신실하게 지켜 주시는 분임을 경험했기에, 꼭 헌금을 해야 하는 곳과 나누어 주어야 하는 사람들에게 가진 것을 조금씩 분배했습니다. 그때 우리 부부의 마음은 가벼웠고 감사가 넘쳤습니다.

하나님의 비전을 따라 정처 없이 광야 같은 길을 떠나는 우리는 이미 각오가 되어 있었습니다. 우리 부부는 1943년생 동갑으로, 59세에 오직 하나님이 함께하심을 확신했기에 미지의 세계를 향해 담대히 나갈 수 있었습니다. 하나님은 우리에게 믿음과 함께 용기도 주셨습니다.

하나님의 비전을 이루어 드리고 싶어 달려가야 할 길이었지만, 토끼같이 예쁘고 귀여운 두 손녀딸 은빛과 나래를 볼 수 없다는 것이 제일 안타까웠습니다. 2002년 6월 1일 RV에 복음을 싣고 순례의 길을 떠나려는 순간, 4살짜리 큰 손녀딸 은빛이가 쏜살같이 RV에 올라 타면서 "나도 할아버지 따라 갈래. 나도 전도하러 따라 갈래" 하고 울며 운전대 밑으로 숨어 버렸습니다. 우리가 마켓 앞에서 전도할 때 큰아들 가족이 마켓에 오면 은빛에게 전도지를 주고 전도하라고 했었기에 아이는 전도가 무엇인지 알고 있었습니다. 할아버지, 할머니와 헤어지기 싫어서 우는 아이를 달래며 RV에서 내려주었습니다. 우리는 그렇게 복음을 위해 가족들과 눈물로 이별해야 했습니다.

하나님의 말씀에 순종해 RV에 쌀 몇 포와 장아찌(고추, 무, 오이)를 싣고, 가스를 가득 채우고 오라는 곳은 없지만 천하보다 귀한 한 영혼을 찾아 무조건 길을 나섰습니다. 그동안 기도를 많이 해 왔지만 그래도 제일 먼저 찾아간 곳은 기도원이었습니다.

"보내심을 받지 아니하였으면 어찌 전파하리요 기록된 바 아름답도다 좋은 소식을 전하는 자들의 발이여 함과 같으니라"(롬 10:15).

우리 부부가 하나님으로부터 보내심을 받았는지 다시 한 번 확인하고 싶었습니다. 또 준비된 영혼들을 만나게 해 주실 것과 성령 충만하도록 기름 부으심을 받고 맡겨 주신 사명을 잘 감당할 수 있도록 능력을 달라고 간구하기 위해서였습니다. 설레고 감격스런 마음으로 운전을 하며 찬송 "이 눈에 아무 증거 아니 뵈어도"(새찬송가 545장)를 힘차게 불렀습니다.

우리 부부는 59세에 조기 은퇴를 하고 인생의 하프타임에 하나님이 가장 기뻐하시는 영혼 구원을 위해 떠난 것이기에 하나님께 필사적으로 매달려 기도할 수밖에 없었습니다.

그런데 2002년 6월, 한국에서 월드컵이 열렸습니다. 기도원에 올라온 사람들도 축구 경기를 보면서 함성을 지르며 열광적으로 응원했습니다. 새벽 제단 때도 온통 축구 이야기로 떠들썩했습니다. 박자에 맞추어 손뼉을 치면서 "대~한~민국! 대~한~민국!" 외치면서 16강을 넘어 8강, 마침내 4강까지 올라갔다고 기뻐하는 아우성이 대단했습니다.

남편도 축구를 정말 좋아했지만 축구 경기 관람을 뒤로하고, 오직 하나님이 앞으로 우리를 어떻게 인도하시며 어떻게 사용하실지를 구하면서 기도에만 전념했습니다. 그때 하나님이 또 한 가지 가장 중요한 회개 기도를 하게 하셨습니다. 축구공 하나 골인했다고 저렇게 기뻐하며 아우성인데, 우리가 하나님으로부터 받은 구원의 선물에 대해서는 얼마나 감격하며 기뻐했는지를 생각하게 하셨습니다.

우리는 지옥에 갈 수밖에 없는 죄인인데, 예수님이 십자가에서 죽으시고 부활하신 은혜로 구원을 받았습니다. 죄 사함을 받은 기쁨, 하나님의 자녀 된 기쁨! 이 기쁨이 세상에서 제일이고, 축구공 하나 골인해서 기쁜 것과는 비교조차 될 수 없는 기쁨 아닙니까! 우리는 축구 경기를 관람하는 사람들이 기뻐 외치는 함성보다 구원받은 기쁨의 함성이 크지 못했음을 회개했습니다. 그러고는 이제 감격스러운 구원의 큰 기쁨을 갖고 세상에 나가서 귀한 복음을 크게 외치리라고 다시 결단했습니다.

기도원에 계신 목사님이 축구 경기를 관람하지 않고 기도하는 우리를 보시고는 그 지역에 오래 살면서 교회에 나오지 않는 분들을 소개해 주셨습니다. 그렇게 우리 부부가 기쁜 마음으로 전도하는 발걸음이 시작되었습니다.

RV로는 좁은 골목길을 갈 수가 없기에 목사님이 차를 빌려 주셨습니다. 한 집을 방문했는데, 60대 중반의 여자분이 나오셨습니다. 미국에 와서 그곳에서 산 지가 33년이 되었다고 하셨습니다. 집을 떠나 처음 복음을 전한 그날, 성령님의 역사하심으로 놀랍게도 그분이 감격적으로 예수님을 영접하셨습니다. 그 지역에 살면서 많은 사람으로부터 전도를 받았지만 꿈쩍도 하지 않고 거부한 불신자였는데, 하나님이 우리 부부를 사용해 주심에 기뻤습니다.

"주 예수를 믿으라 그리하면 너와 네 집이 구원을 받으리라"(행

16:31)라는 말씀은 진리였습니다. 성령님의 역사하심으로 예수님을 영접한 그분은 장성한 아들과 함께 그다음 주 교회에 나와 처음으로 예배를 드리셨습니다. 그 모습을 보신 교회 전도사님이 "이것은 정말 기적입니다"라고 고백하셨습니다. 정말 기적 같은 일이 매일 일어났습니다.

구름 기둥, 불 기둥으로

☁

남편은 기도원에서 복음을 전하면서 틈틈이 기도원의 부엌과 화장실을 수리했습니다. 사역을 위해 떠날 때 하나님이 "전대에 금이나 은이나 동을 가지지 말고"(마 10:9) 떠나라고 하셨기에, 우리는 사도 바울이 텐트를 수리하면서 사역을 했던 모습을 떠올렸습니다. 남편은 집을 수리하는 일을 했었기에 자비량으로 복음을 전하겠다며 연장을 챙겨서 나왔는데, 기도원을 수리하는 데 사용하게 되었습니다. 기쁘고 감사한 마음으로 땀 흘리며 열심히 일을 할 때 더 큰 은혜가 있었습니다.

어느 날 기도원에서 한 자매를 만났습니다. 그녀는 부산대학교를 졸업한 후 독일에서 유학을 했고 재즈 음악 편곡을 했습니다. 독일에서 만난 사랑하는 사람으로부터 큰 상처를 입고 견딜 수 없는 심정으로 기도원에 왔는데, 그곳에 있던 우리를 만나 조금씩 위로를 받고 상처가 치료되었습니다. 함께 성경을 읽으며 하나님의 뜻과 섭리를 깨달았습니다. 예수님을 영접해 하나님의 자녀가 된 것은 물론, 함께 열심히 기도하는 가운데 방언의 은사도 받았습니다. 자매는 정말 기뻐하면서 하나님께 영광을 드렸습니다.

하나님이 우리 부부에게 천사도 흠모하는 전도의 일을 맡겨 주셨다는 확신이 생겼기에 더 이상 기도원에 머물 필요가 없었습니다. 우리는 떠나기로 결심했습니다. 밤늦게 기도원을 떠나 첫 사역지인 샌디에고로 향했습니다. 샌디에고는 1982년에 미국에 와서 우리 부부가 두 아들과 함께 너무도 많은 사연 속에서 울어야 했던 곳이었습니다. 영주권이 없는 서러움으로 몸부림치며 오직 주님만을 의지하며 인내를 배웠습니다.

샌디에고에 13년 만에 와 보니 너무 많이 변했고 발전되었습니다. 시골이 아니라 약동하는 문화 도시가 되어 있었습니다. 기후가 좋아서 살기 좋다며 사람들이 많이 모여 들었습니다. 이 땅에서 열심히 살아가는 모습도 좋지만 이 땅의 것만을 알고 살아간다면 얼마나 불쌍한가요. 안개와 같이 없어질 세상 것인데! 살아 있는 동안에 영원한 세계를 준비하는 것이 얼마나 중요한지 모르고 보이는 것으로 만족하며 물질 때문에 울고 웃는 모습이 너무 안타까웠습니다.

우리 부부는 주차 공간이 넓은 곳이면 어디든지 차를 세우고 자면 되는 줄 알고는 잠이 들었습니다. 그런데 밖에서 누군가가 차

문을 두드리며 이곳에서는 잘 수 없다고 가라고 했습니다. RV를 어디에 세우고 자야 할지 막막했습니다. 결국 골목에 있는 어느 집 담 모퉁이에 차를 세우고 하룻밤을 보냈습니다.

매일 밤 잠자리를 구해야 하는 큰 문제가 생겼습니다. 이제부터 오늘은 이곳, 내일은 저곳을 향해 정처 없이 떠나는 순례자의 길을 걸어야 했습니다. 고난의 길이 시작되자 또다시 하나님께 무릎 꿇고 기도할 수밖에 없었습니다. 우리 부부는 한 걸음씩 나아갈 때마다 "하나님! 어떠한 고난의 길일지라도 복음을 전하며 가겠습니다. 평생토록 이 사역을 하기 위해 모든 것을 정리하고 나왔습니다. 앞으로 갈 길을 인도해 주십시오" 하며 눈물로 하나님께 기도했습니다.

하나님은 우리의 눈물의 기도를 들으시고 응답하셨습니다. 중앙일보와 미주크리스천신문에서 우리 부부의 사역 소식을 특종 기사로 올려 준 것입니다. 또한 LA의 미주복음방송에서 간증할 기회가 생겨 우리 사역이 미국 전 지역에 알려졌습니다. 하나님이 구름 기둥, 불 기둥으로 인도해 주시는 놀라운 경험을 하면서, 우리 부부는 계속해서 노방 전도를 열심히 했습니다. 현실 속에서 일어나는 하루하루가 정말 기적 같은 삶이었습니다. 하나님은 갈 바를 모르는 채 복음 들고 떠나는 자에게 하나님의 약속인 임마누엘을 신실하게 지켜 주심을 경험하도록 역사하셨습니다.

"내가 세상 끝 날까지 너희와 항상 함께 있으리라"(마 28:20).

삶은 불편했지만 RV에서 먹고, 자고, 타고 다니면서 복음을 전하는 삶의 현실은 꿈만 같이 느껴졌습니다. 이 우주 공간에 모래 한 알 같은 제가 살아 숨 쉬며 하나님을 "아버지"라고 부르며 하나님을 사랑한다고 고백하고, 하나님의 말씀에 순종해 예수님을 세상에 전하는 삶을 살겠노라고 고백하는 하루하루가 얼마나 소중한지 모릅니다.

하나님의 동역자

우리 부부의 사역 소식이 신문과 방송을 통해 북미 전 지역에 알려지면서 여러 교회에서 간증 초청이 들어와 전도의 문이 활짝 열렸습니다. 두렵고 떨리는 마음으로 지나온 삶과 복음을 위해 떠나게 된 과정을 간증했습니다.

처음으로 강단에 서서 말을 하는 것이 쉬운 일은 아니었습니다. 내성적인 우리 부부의 가슴은 두 방망이로 두들기듯이 두근거리며 떨렸습니다. 하지만 강대상을 양손으로 붙잡는 순간 하나님이 담대함을 주셨고 차분하게 증거할 수 있도록 힘을 주셨습니다. 우리의 간증을 들으신 성도들의 마음에 감동과 은혜가 있었던지 눈물을 흘리시는 분들도 보였습니다.

처음 간증한 교회에서 선교비로 사용하라며 얼마를 봉투에 넣어서 주셨습니다. 하나님이 말씀에 순종한 우리에게 공급해 주신 것이라고 생각하면서 감사한 마음으로 받았습니다. "곡식 떠는 소에게 망을 씌우지 말지니라"(신 25:4), "이와 같이 주께서도 복음 전하는 자들이 복음으로 말미암아 살리라 명하셨느니라"(고전 9:14)라는 말씀이 떠올랐습니다.

우리는 교회에서 간증할 뿐만 아니라 구원의 확신이 없는 자들에게 복음을 전해 확신을 갖도록 했습니다. 그리고 중고 시장과 마켓에서 만나는 사람들에게 영생의 기쁜 소식을 전했습니다. 교회는 다니고 있지만 영적으로 무관심하고, 오직 세상적인 것에만 관심을 쏟으며, 말씀과 기도가 빠진 껍데기 신앙생활을 하고 있는 그들의 모습이 참으로 안타까웠습니다.

그러나 하나님은 기쁨과 감사한 마음으로 믿음을 가지고 승리하고 있는 가정도 방문하도록 인도하셨습니다. 15년 전에 딸의 초청으로 미국에 올 때 남묘호렌게쿄 우상 단지를 갖고 오신 어떤 할머니가 있었습니다. 그분은 우리가 샌디에고에 살 때 신앙생활을 시작하셨습니다. 당시 우리가 다닌 교회의 목사님과 함께 할머니의 집을 심방하고 복음을 전했는데, 우상 단지를 마당에 가지고 나와 불살라 버려 우리 모두가 감격해 박수하며 기뻐했습니다.

그때부터 할머니는 신앙생활을 잘하셨으며 아들딸들을 모두 구원의 길로 인도하셨습니다. 그분이 성령 충만한 가운데 강건하신 모습을 보고 정말 감사했습니다. 믿음이 변질되지 않고 여전히 믿음으로 승리하고 계신 모습을 보면서, 하나님의 구원 계획은 우리에게 거저 주신 하나님의 은혜의 영광을 찬송하게 하려는 것임을 다시 한 번 깨닫게 되었습니다(엡 1:6).

RV에서 자며 길에서 사는 삶은 점점 익숙해졌지만, 매일 큰 차로 움직이며 전도하러 다니는 일은 여간 힘들지 않았습니다. 또한 물 공급과 하수 처리도 아무데서나 할 수가 없어 난처한 문제가 생기기 시작했습니다. 특히 더운 날에는 샤워를 해야 하는데 매일 하지 못하고 YMCA에 가서 며칠에 한 번씩 했습니다. 날마다 한 컵의 물로 고양이 세수를 해야 했습니다. RV 캠핑장에 가지 않고 길에서 살기 때문에 절제와 검소한 삶이 요구되었습니다.

우리는 때때로 멸시와 외면을 당했고, "저 사람들 RV 타고 구경하러 다니는 것 아니야?"라는 비아냥거리는 소리도 들었습니다. 하지만 전혀 개의치 않고 오직 예수님만 바라보았습니다. 예수님은 "여우도 굴이 있고 공중의 새도 거처가 있으되 인자는 머리 둘 곳이 없다"(마 8:20)고 말씀하셨습니다. 그래도 우리에게는 잠을 잘 수 있는 RV라는 장막이 있으니 얼마나 감사한지요! 이처럼 하나님은 우리 부부에게 불평 없이 살아가는 마음을 주셨습니다.

어느 모텔 옆 공터에 RV를 주차했는데, 그 모텔 수영장 상수관이 터져서 난리가 났습니다. 남편은 사역에 보탬이 될 것이라면서, 밤늦도록 좁은 공간의 흙더미 속에 들어가 땅을 파며 쉽지 않은 상수도 수리를 했습니다. 밤 12시가 되어도 끝내지 못해 다음 날 다시 가서 마무리 작업을 했습니다. 얼마나 힘이 들었던지 얼굴이 헬쑥해졌고 눈이 퀭하니 쑥 들어갔습니다. 남편은 만일 우리가 하나님의 말씀에 순종해 떠나지 않고 먹고살기 위해 막노동을 계속했다면 육신이 지쳐 죽었을지도 모른다는 생각이 든다며 오히려 감사했습니다. 그 일로 우리는 하나님이 복음을 전하라는 사명을 주시고 결단하게 하신 것은 우리가 세상일에 얽매여 고생하며 살기를 원하시지 않았기 때문이라는 사실을 깨닫게 되었습니다. "사람이 만일 온 천하를 얻고도 제 목숨을 잃으면 무엇이 유익하리요 사람이 무엇을 주고 제 목숨과 바꾸겠"(마 16:26)습니까.

하나님은 우리를 위해 존재하시는 분임을 알게 되었습니다. 하나님은 우리의 안전과 필요를 위해 졸지도 않으시고 주무시지도 않으며 우리를 보살펴 주셨습니다. 우리가 하나님을 위해 무엇을 하는 것이 아니었습니다. 하나님이 하시는 일에 우리가 동역자가 되기를 하나님이 원하신다는 사실을 알게 되었습니다. 우리가 아니더라도 하나님은 하나님의 일을 이루어 가십니다. 그러나 우리가 순종하며 나아갈 때 기뻐하며 복 주려고 준비하시는 분이 하나님이십니다. 하나님은 그 이상으로 보상해 주는 분이십니다.

3장 하나님의 심부름 갑니다

-

한 번도
가보지 않은 곳으로

-

여호와 이레

RV를 운전하며 전도하러 가는데, 좁은 골목길에서 후진하다가 부딪쳐서 뒷부분이 그만 깨지고 말았습니다. 남편이 너무 속상해하는 모습을 보고 마음이 아팠습니다. 그 후 좁은 골목길도 다닐 수 있는 작은 차를 공급해 달라고 하나님께 기도하기 시작했습니다. 우리는 돈이 없었지만, 만물의 주인이신 하나님이 공급해 주실 것을 믿고 열심히 기도했습니다. 우리가 원하는 것을 주시기보다는 우리의 필요를 채워 주시는 하나님을 믿고 기도했습니다.

"구하기 전에 너희에게 있어야 할 것을 하나님 너희 아버지께서 아시느니라"(마 6:8), "구하는 이마다 받을 것이요 찾는 이는 찾아낼 것이요 두드리는 이에게는 열릴 것이니라"(마 7:8)라는 말씀을 믿고 간구했습니다.

RV를 타고 전도하러 갔는데 주차할 자리가 없어서 빙빙 돌다가 겨우 구석진 자리에 세우고 지나가는 사람들에게 전도를 했습니다. 그때 만난 청년은 중국 사람이었고 불신자였습니다. 친구들이 교회를 다녀 자기를 전도하려고 많이 노력했으나 자신은 교회에 가지 않았다고 말했습니다. 그런데 오늘은 참 이상하게 감동이 된다며 예수님을 믿고 교회에 다니겠다고 했습니다. 성령님이 그의 마음을 움직이고 계심을 직감할 수 있었습니다.

그런데 그 청년이 갑자기 "예수님이 지금 제게 당신들을 도와주라고 하시는데 무엇을 도와드릴까요?"라고 말하는 것이 아닙니까! 그동안 하나님이 사람을 통해 역사하시는 경험을 많이 했지만, 불신자가 한 말이었기에 우리는 너무 놀랐습니다. 큰 차로 전도하러 다니기가 얼마나 힘든지, 새벽마다 하나님께 작은 차가 필요하다고 도와 달라고 기도하고 있다고 말했습니다. 그러자 청년은 옆에 세워 놓은 하늘색 혼다 시빅(Honda Civic)을 가리키면서 "저 차가 제 차인데 당신들이 필요하다면 가져도 좋습니다" 하고 태연하게 말했습니다. 하나님이 우리의 필요를 채워 주시려고 그 시간, 그 장소에서 그 청년과 만나도록 역사하신 것입니다. 여호와 이레의 하나님이 작은 차를 준비해 놓고 우리의 전도하는 발걸음을 그곳으로 인도하신 것입니다.

"사람이 마음으로 자기의 길을 계획할지라도 그의 걸음을 인도하시는 이는 여호와시니라"(잠 16:9).

우리는 하나님의 놀라운 방법으로 이제 차 두 대를 가지게 되었습니다. 그런데 또 한 가지 문제가 생겼습니다. 운전을 따로따로 해야 한다는 것이었습니다. 가까운 거리는 괜찮지만 장거리를 가는 경우 가스비가 문제였고, 교통이 복잡한 곳에서는 서로 잃어버릴 염려가 있어 또 기도 제목이 생겼습니다. 하나님이 우리의 필요를 아시고 작은 차를 공급해 주셨으니 RV와 연결할 때 필요한 견인봉(Tow Bar)도 공급해 달라는 기도를 드리기 시작했습니다.

기도한 후에 알아보니 구매할 수 있는 것이 아니라 주문을 해야 하고, 일주일이 걸린다고 했습니다. 남편은 하나님이 작은 차를 주셨으니 견인봉도 주실 것이라는 믿음으로, 돈도 없으면서 980불이나 되는 비싼 물건을 주문했습니다. 하루하루 시간은 가는데 아무 일도 일어나지 않았습니다. 우리는 RV를 길거리에 세워 놓고 작은 차를 타고 나가서 열심히 전도를 했습니다. 샌디에고에 있는 마켓 앞에서 만나는 사람들에게 복음을 전했습니다.

당시 우리는 애리조나를 향해 가려고 했는데 신문에 난 기사를 본 한 라스베가스 교회에서 집회 요청이 왔습니다. 떠나야 할 날은 다가오고 견인봉도 찾아야 하는데 신기하게도 걱정이 되지 않았습니다. 50개 주를 향해 "전대에 금이나 은이나 동을 가지지 말고"(마 10:9) 떠나라 말씀하신 하나님의 일이기에 하나님이 책임져 주실 것이라고 믿었습니다. 우리 부부는 예비하시고 공급하시는 하나님의 신실하심을 믿기 때문에 전도하는 일을 게을리하지 않았습니다. "나의 하나님이 그리스도 예수 안에서 영광 가운데 그 풍성한 대로 너희 모든 쓸 것을 채우시리라"(빌 4:19)라고 믿었습니다.

멕시코 티화나에는 한국의 대기업 공장이 있고, 국경 지역인 출라 비스타에는 한국의 대기업에서 파견된 주재원들이 많이 산다는 소식을 들은 우리는 그들에게 복음을 전하려고 오랫동안 기도해 왔습니다. 그런데 그들을 만나지 못했습니다.

그러던 어느 추수감사절에 샌디에고 영락교회 이종범 목사님이 댁으로 우리를 초대해 주셨습니다. 놀랍게도, 그 자리에 20여 명의 한국의 대기업 직원들도 초대를 받아서 한자리에 모여 있었습니다. 목사님도 우리와 같은 마음으로 그들에게 복음을 전하려고 하셨던 것입니다. 하나님은 전도하고자 하는 안타까운 마음으로 기도할 때 준비된 영혼들이 한자리에서 만나도록 역사해 주셨습니다.

사모님이 준비하신 음식을 맛있게 먹은 후에 간증 시간을 가졌습니다. 오순절 마가 다락방에서 있었던 성령의 역사하심같이 온통 감동으로 눈물바다를 이루었고, 서로서로 포옹을 하며 위로와 격려를 아끼지 않았습니다.

그중에 한 분은 춘천에서 샌디에고 주립대학의 교환교수로 오신 의사였는데, 장로님이셨습니다. 한국으로 들어가기 두 달 전인데, 그동안 배운 의술보다 더 귀한 것을 깨닫고 한국에 가게 되었다며 눈물을 흘리면서 기뻐하며 감격하셨습니다. 의술로는 병을 고쳐 몇 년 더 살 뿐이지만 복음은 영원히 살 길을 열어 준다는 진리를 깨닫고 가도록 도전을 주어서 고맙다고 말씀하셨습니다. 그리고 계속해서 기도의 동역자가 되겠다고 약속하셨습니다.

한국의 대기업에 다니는 윤 집사님은 이 자리에 오지 않은 사람들이 많은데 자기 집에 모이게 할 테니 우리더러 다시 와서 간증하고 복음을 전해 그들이 예수님을 영접할 기회를 달라고 했습니다. 이틀 후 윤 집사님 댁에서도 성령님이 역사하셔서 여섯 분이 주님을 영접하셨습니다.

하나님은 우리의 생각과 계획을 초월해 역사하셨습니다. 우리는 빨리 애리조나로 가고 싶었지만 하나님은 우리의 발걸음을 더디게 하셨고, 라스베가스로 방향을 바꾸어 현실의 상황을 만들어 가셨습니다.

하나님의 심부름꾼

토요일 아침, 일주일 전에 간증했던 교회 목사님이 전화를 하셨습니다. 떠난다고 했는데 지금 어디에 있느냐고 물어보셔서, 아직 떠나지 못했다고 말씀드렸더니 그 교회 여자 집사님을 바꿔 주셨습니다. 그분은 우리를 꼭 만나야 된다고 하셨고, 15분 후에 우리가 있는 곳으로 찾아오셨습니다.

여자 집사님은 30대 중반쯤 되어 보였습니다. RV 안에 들어와서 잠시 기도를 하신 후에 가방에서 얼마를 넣은 봉투를 꺼내 우리에게 주면서 이렇게 말씀하셨습니다. "저는 하나님의 심부름을 왔습니다. 지난번에 간증하셨을 때 많은 은혜를 받은 후부터 하나님이 자꾸 집사님들을 생각나게 하셔서 기도를 했습니다. 하나님이 도움이 필요한 분들이라는 마음을 주셔서 가져왔습니다. 필요하신 데 써 주세요." 정말 감격스러웠습니다. 게다가 '하나님의 심부름'이라는 말에 온몸에 전율이 오는 듯했습니다. 우리의 필요를 아신 하나님이 하나님의 사람의 손길을 통해 또 공급해 주셨다고 생각하니 형용할 수 없는 감동으로 눈물이 났습니다.

"이와 같이 주께서도 복음 전하는 자들이 복음으로 말미암아 살리라 명하셨느니라"(고전 9:14).

광야에서 이스라엘 백성을 만나와 메추라기로 먹여 주신 하나님이 때를 따라 돕는 은혜를 베풀어 우리의 필요도 채워 주셨습니다. 우리 부부는 고맙고 감사한 마음으로 받으면서 집사님의 기도 제목을 물어보았습니다. 첫째는 교회의 영적 성장을 위해서, 둘째는 친정 식구들의 영혼 구원을 위해서, 셋째는 자신의 갑상선 증상을 위해 기도 부탁을 하셨습니다. 기도 제목의 순서만 봐도 얼마나 영적으로 깨어 기도하는 성도인지를 알 수 있었습니다.

하나님은 깨어 전심으로 기도하는 자에게 성령의 역사하심을 경험하게 하십니다. 기도할 때 하나님의 음성을 들을 수 있고, 또 순종할 때 하나님이 예비하신 복을 받을 수 있는 것입니다. 우리 부부는 뜨거운 마음으로 서로 손을 맞잡고 천사의 손길을 보내 주신 하나님께 감사 기도를 드렸습니다. 그리고 집사님의 기도 제목을 위해 간절하게 눈물로 기도했습니다. 그분은 우리의 사역을 위해 계속해서 중보기도 하겠다고 약속을 하고 떠나셨습니다.

집사님이 가신 후에 봉투를 열어 보니 놀랍게도 1천 불이 들어 있었습니다. 하나님이 우리에게 필요한 물질을 하나님의 사람인 집사님을 통해 보내 주셨고, 견인봉을 찾아서 빨리 사역지로 떠나라고 하신 것입니다. 이로써 하나님은 우리에게 또 하나의 간증을 주셨고, 복음을 전하는 자와 언제나 함께하심을 보여 주셨습니다. 세상 모든 사람에게 십자가의 복음을 전하는 자에게 임마누엘의 하나님을 약속해 주셨음을 확실하게 경험하게 하셨습니다.

우리는 기쁘고 흥분된 마음으로 한 번도 가 보지 못한 라스베가스를 향해 달렸습니다. RV에 복음을 싣고 세 개 교회 연합집회를 하려고 기도하고 찬송을 부르면서 떠났습니다. "나의 갈 길 다 가도록 예수 인도하시니 / 내 주 안에 있는 긍휼 어찌 의심하리요 / 믿음으로 사는 자는 하늘 위로받겠네 / 무슨 일을 만나든지 만사형통하리라 / 무슨 일을 만나든지 만사형통하리라"(새찬송가 384장 1절).

밤 9시쯤 되었을 때 라스베가스에 도착했는데, 밤거리의 불빛이 요란했습니다. 처음으로 밟아 보는 땅, 도박의 도시로 유명하다는 곳이기에 우리는 기도로 무장하며 성령님의 도우심으로 사역에 임하기로 작정했습니다. 늦은 밤이라서 초청해 주신 목사님을 만날 수 없었습니다. 한 한국 교회 주차장에 차를 세우고 잠을 잔 후 그 교회 새벽기도회에 나가서 간절함으로 기도를 했습니다.

새벽기도회 후에 목사님이 우리에 대해 알고 싶어 하셨고, 라스베가스에 오게 된 동기를 물어보셨습니다. 우리의 사역에 대해 말씀드렸더니, 목사님은 이미 신문을 통해 알고 있었다고 하시면서 이곳에서 있을 집회에 대해서는 생각을 좀 해 보아야 하는 상황이라고 말씀하셨습니다. 우리를 초청해 주신 목사님은 이 지역에서 인정받지 못해 성도도 없고 지역 목사님들과도 불화 중이라고 하셨습니다. 그리고 남을 이용해 자신의 이익을 채우려는 여러 가지 일들로 소외당하고 있다고 하셨습니다. 찬양 집회를 하는데 소문이 좋지 않아 성도들이 모이지 않을 것 같아 우리를 부른 것이라고 말씀하셨습니다.

다음 날 우리를 초청하신 목사님과 사모님을 만났는데, 예상한 것과 너무 앞뒤가 맞지 않았습니다. 아무것도 모르고 이용당할 뻔했다는 사실이 드러나자 당황스러웠습니다. 하나님은 예수님이 공생애를 시작하실 때 사탄에게 시험을 당하셨지만 말씀으로 승리하신 일이 생각나게 하셨습니다. 우리는 사역 초반에 좋지 않은 일이 있을 때는 영적으로 깨어 기도하며 앞으로 사역하는 데 언제나 신중하라는 경고로 받았습니다.

"보라 내가 너희를 보냄이 양을 이리 가운데로 보냄과 같도다 그러므로 너희는 뱀같이 지혜롭고 비둘기같이 순결하라"(마 10:16).

이민 생활의 어려움을 겪어 보았던 우리는 안타까운 마음으로 초대해 주신 목사님의 가정을 위해 간절함으로 기도했습니다. 정말 어려운 순간 누군가의 도움의 손길을 받았을 때의 고마움이란 경험해 보지 않은 사람은 모릅니다. 하나님이 우리가 긍휼한 마음을 갖도록 인도해 주셨습니다. 우리도 '하나님의 심부름꾼'이 되고 싶어서 그 목사님 댁 앞에 필요하실 것 같은 식료품들을 주님의 사랑으로 가만히 놓아 두고 떠났습니다. "우리가 알거니와 하나님을 사랑하는 자 곧 그의 뜻대로 부르심을 입은 자들에게는 모든 것이 합력하여 선을 이루느니라"(롬 8:28)라는 말씀처럼 하나님은 어떠한 상황에서도 선을 이루어 가는 분이십니다.

라스베가스에서 연합 집회를 하지는 않았지만, 하나님이 그 지역의 여러 교회에서 집회를 하도록 인도해 주셨습니다. 이민 생활에서 경험한 아픔과 고통의 시간에 오직 믿음으로 승리했던 우리 부부의 간증은 많은 성도의 가슴에 감동을 주었고, 모두 눈물을 흘렸습니다. 간증 후에는 구원의 확신이 없는 교인들에게 복음을 전했습니다. 많은 교인이 봉사 위주로 무슨 일을 해야만 하나님이 기뻐하시고, 그래야 천국에 갈 것이라는 '선행'을 염두에 두고 있었습니다.

하나님은 우리가 예수님이 십자가에서 죽으실 때 흘리신 피로 죄 사함을 받고 그분의 부활하심을 믿으면 영생을 주겠다고 약속하셨습니다. 이와 같은 구원의 확신이 없기 때문에 신앙생활을 하는 의미도 모르는 채 방황하고 자기 멋대로 교회를 들락날락하는 종교생활을 하는 것입니다. 영적으로 죽은 상태에 있는 자들에게 부족한 우리 부부가 도구가 되어 귀한 복음을 전하게 된 것은 하나님의 은혜이며, 또한 중보기도자들의 기도의 힘이라고 믿습니다.

하나님은 어느 곳에서든지 준비된 영혼을 만나게 하시고, 하나님의 자녀가 되게 해, 그들이 복된 삶을 살도록 은혜를 주셨습니다. 하나님을 찬양합니다! 또한 하나님은 복음을 전하는 자의 삶에 말할 것도 없이 한없는 은혜와 사랑을 공급해 주셨고, 기쁨과 감사가 강물처럼 넘치도록 해 주셨습니다. 또한 복음을 듣고 믿는 자에게는 천국의 영원한 복을 누리게 하셨습니다. 이 얼마나 큰 은혜입니까.

누군가 복음을 기쁜 마음으로 듣고 예수님을 영접할 때면 하늘을 날아오르는 듯한 깊은 감동이 있습니다. 그래서 하나님의 사랑, 하나님의 은혜가 날로 깊어만 갑니다.

지옥에 가기로 결정한 사람

애리조나로 가는 길은 쉽지 않았습니다. 바람이 불기 시작하더니 밤중에는 더 심해져서 RV 안에서 잠을 잘 수가 없을 정도였습니다. 태어나서 처음으로 느껴 보는 강한 바람 소리였습니다. RV가 날아갈 듯이 요동치며 흔들거렸습니다. 태풍같이 몰아치는 사막에서 부는 바람을 만났던 것입니다.

다음 날 아침에 조금 괜찮아진 것 같아서 밖에 나갔는데, 그래도 옷이 벗어지고 두 다리가 휘청거릴 정도로 바람이 세차게 불었습니다. 메마른 광야와 같은 길을 달리는 RV가 바람에 흔들려 밀려 나가 차선을 몇 번이나 넘나들었습니다. 눈앞에 펼쳐진 끝도 보이지 않는 광야 저 멀리에는 험악한 모습으로 돌산들이 서 있었고 군데군데 아주 큰 선인장들이 버티고 있었습니다.

이스라엘 백성이 광야 40년 동안을 이와 같은 사막에서 하나님께 원망하고 불순종함으로 걸었던 일이 생각났습니다. 우리 부부는 어떠한 경우에도 하나님을 원망하지 않고 우리에게 주신 사명을 묵묵히 감당하기로 다짐했습니다.

애리조나 피닉스에 도착해 송 목사님이 목회하시는 교회를 찾아가서 RV를 주차한 후 잠을 잤습니다. 몸은 말할 수 없이 피곤했지만 마음은 얼마나 기쁘고 감사한지 형용할 길이 없었습니다. 처음으로 밟아 보는 애리조나 땅에 무사히 도착하도록 함께해 주신 하나님께 감사 기도를 드렸습니다. 하나님이 벌써 여러 교회에서 간증하도록 계획해 놓으셨고, 전도 대상자들을 예비해 두셨습니다. 간증을 할 때마다, 복음을 전할 때마다 성령의 역사하심이 놀라울 정도로 곳곳에서 일어났습니다. 하나님은 사도 바울을 이방의 빛으로 삼아 땅끝까지 복음을 전하는 자로 삼으셨듯이, 우리에게도 만나는 자들마다 복음을 전해 영생을 얻게 하도록 역사하셨습니다.

"이방인들이 듣고 기뻐하여 하나님의 말씀을 찬송하며 영생을 주시기로 작정된 자는 다 믿더라"(행 13:48).

어느 날 노방 전도를 하면서 겪은 일은 너무도 마음이 아팠습니다. 손님도 별로 없는 가게를 지키며 앉아 있는 젊은 여자분에게 복음을 전했습니다. 그런데 그분이 한 말을 듣고 우리는 정말 놀랐습니다. "저는요, 지옥에 가기로 결정한 사람입니다." 우리 부부는 지금까지 수많은 사람에게 복음을 전했습니다. 그런데 대부분 천국에 가기를 소원하며 예수님을 구주와 주인으로 고백했습니다. 그러나 끔찍한 지옥에 가기로 결정했다니, 깊은 사연이 있으리라 생각하고 기도하는 마음으로 대화를 시작했습니다.

그분은 한국에서 부유하게 살아온 막내딸로, 미국에 구경 왔다가 우연히 남편을 만났습니다. 친정 부모님을 속이고 한 번 결혼했던 남편과 결혼을 했는데, 시어머니가 믿음이 좋은 권사님으로 교회에서 칭찬을 받는 분이라고 했습니다. 외아들인 남편과의 10년간의 결혼 생활은 지옥 같았습니다. 성인아이 같은 남편은 툭하면 아이들에게 새엄마를 얻어 준다고 말했고, 시어머니는 교회에서는 믿음 있는 권사님인지 몰라도 가정에서의 모습은 달랐습니다. 욕설을 듣고 매를 맞으면서도 참고 살았는데, 이제는 자신이 심하게 병들어 언제 죽을지 모른다며 하소연을 하며 많이 울었습니다.

처녀 때 기독교 학교를 다녔고 교회에도 나갔다는데 시집와서 학대당하며 망가져 버린 모습을 보니 차마 안타까워서 견딜 수가 없었습니다. 믿는 자들이 교회 문을 막아서서 연약한 자들을 실족하게 한 것입니다. 이제는 시어머니와 따로 살고 있는데, 손자, 손녀를 보지 않은 지 1년이 넘었다고 했습니다.

그분은 아침에 가게에 나와 앉아 있으면 집에 갈 때까지 화장실에 다녀오는 것 외에는 일어서지 못했습니다. 심한 육체적인 고통까지 겪으며 사방으로 욱여쌈을 당해 괴로워하는 불쌍한 여인이었습니다. 너무나 많은 상처와 고통 속에서 울부짖는 한 영혼의 탄식을 듣고 우리도 함께 울었습니다. "시어머니는 분명히 지옥에 가실 분이기에 제가 먼저 죽어 지옥에 가서 기다릴 것입니다. 그때 지옥에 온 시어머니를 확인하고 이렇게 말하고 싶어요. '결국은 당신도 지옥에 오셨군요.'" 이 말을 시어머니에게 하려고 지옥에 가려고 작정했다는 것입니다. 얼마나 가슴에 한이 맺혔으면 이렇게 강퍅한 마음이 되었을까요?

눈물 없이는 들을 수 없는 안타까운 사연에 가만히 있을 수가 없었습니다. 우리는 그분의 시어머니 권사님을 찾아가 만났습니다. 집도 좋고 여유가 있어 멋있게 혼자 살고 계셨습니다. 며느리와 만났다는 사실을 숨기고 대화를 시작했습니다. 권사님은 믿음으로 금식도 하며 기도한다고 자신을 소개하셨습니다. 그러다가 자녀에 대해서 물어보았을 뿐인데, 그때부터 믿음 있는 권사님으로서 하지 말아야 할 말들이 거침없이 쏟아져 나왔습니다. 완악함을 그대로 소유하신 분으로, 자식과 손자, 손녀까지 싫어하는 이기적인 마음을 보게 되었습니다.

성경은 "자녀들아 우리가 말과 혀로만 사랑하지 말고 행함과 진실함으로 하자"(요일 3:18)라고 말합니다. 말과 혀로도 사랑하지 않는데 어찌 행함과 진실함이 나올 수가 있을까요. 우리 부부는 계속 마음속으로 기도하면서 권사님의 영혼에 호소를 했습니다. 성경적으로 믿음의 사람이 취해야 할 태도에 대해서 권면했습니다. 그러나 그분은 요리조리 이유를 대며 모면해 보려고 안간힘을 쓰셨습니다. 절대 잘못을 시인하시지 않았습니다. 그 시간, 남편은 성령에 사로잡혀서 권사님을 향해서 엄하게 책망을 했습니다.

"누구든지 하나님을 사랑하노라 하고 그 형제를 미워하면 이는 거짓말하는 자니 보는 바 그 형제를 사랑하지 아니하는 자는 보지 못하는 바 하나님을 사랑할 수 없느니라"(요일 4:20).

권사님은 교회에서 봉사도 열심히 하고 중보기도도 하는 믿음 있는 분으로 칭찬을 받고 있었습니다. 하지만 사람들은 열심 있는 모습에 속을지 몰라도 성령님은 모든 것을 알고 계셨습니다. 자녀도 모르게 집을 팔고 다른 곳으로 이사를 가려고 했고, 신년이 되었는데도 자녀들을 만나지 않고 계속 미워하고 있었던 것입니다. 하나님은 부족한 우리를 통해 그분의 잘못된 행위를 드러내셨습니다. 성경은 "누구든지 자기 친족 특히 자기 가족을 돌보지 아니하면 믿음을 배반한 자요 불신자보다 더 악한 자니라"(딤전 5:8)라고 책망합니다.

하나님의 책망을 받은 권사님은 소파에 앉아 있다가 갑자기 마룻바닥으로 내려와 무릎을 꿇고 통곡을 하며 회개하시기 시작했습니다. 몸부림치며 가슴을 때리셨습니다. 자신의 잘못된 행위가 하나님이 보시기에 얼마나 부끄러운 죄악이었나를 성령님이 깨닫게 하신 것입니다.

"내 이름으로 일컫는 내 백성이 그들의 악한 길에서 떠나 스스로 낮추고 기도하여 내 얼굴을 찾으면 내가 하늘에서 듣고 그들의 죄를 사하고 그들의 땅을 고칠지라"(대하 7:14).

얼마 동안을 통곡하며 회개하시던 권사님은 마음을 가다듬고 "이제 저는 어떻게 하면 좋습니까?" 하고 물으셨습니다. 우리는 하나님께 회개했으면 사람과의 관계가 회복되어야 한다고 권면했습니다. 놀랍게도, 고집스럽고 완악한 분이 순한 양같이 변해 우리의 권면을 순순히 따라 주셨습니다.

지옥에 먼저 가서 시어머니가 지옥에 오는 모습을 꼭 볼 것이라고 말하는 며느리의 마음을 그 누가 무슨 말로 위로할 수 있겠습니까? 오직 성령님만이 깊은 상처로 고통하며 미워하고 증오하는 마음의 한을 풀어 주실 수 있고 용서하도록 역사하실 수 있습니다. 시어머니를 만나면 울 것만 같던 며느리의 마음을 이해할 수 있었습니다.

며칠 후 어느 식당에서 권사님과 아들, 며느리, 손자, 손녀, 그리고 우리 부부는 만났습니다. 권사님과 며느리는 서로서로 잘못했다고 용서를 빌었고, 이제부터 서로 사랑하며 살자고 다짐하며 뜨거운 포옹을 나누었습니다. 우리는 모두 기쁨의 눈물을 펑펑 흘렸습니다. 그리고 화기애애한 가운데 갈비를 뜯고 냉면을 맛있게 먹었습니다. 이 세상에서 맛보지 못하는 천상의 기쁨과 감격을 느낀 행복한 순간이었습니다.

고부간의 갈등으로 결국 부부가 이혼하려고 한 그즈음에 우리와의 만남이 있었습니다. "모든 것이 하나님께로서 났으며 그가 그리스도로 말미암아 우리를 자기와 화목하게 하시고 또 우리에게 화목하게 하는 직분을 주셨으니"(고후 5:18)라는 말씀대로 하나님이 부족한 우리를 그 가정을 화목하게 하는 일에 사용해 주신 것이 얼마나 감사한지, 하나님께 영광을 드렸습니다. 믿음이 있다고 하나 행함이 없는 믿음으로 인해 결과적으로 사망에 이른 가정을 온전한 믿음으로 회복해 생명으로 화해시키는 감격을 누렸습니다.

성경은 우리에게 "근신하라 깨어라 너희 대적 마귀가 우는 사자 같이 두루 다니며 삼킬 자를 찾나니"(벧전 5:8)라고 경고합니다. 우리 모두는 근신하고, 깨어 기도하고, 믿음으로 굳게 서서 마귀를 대적해야 합니다. 그렇지 않으면 우리도 동일한 고난을 당할지 모릅니다.

가는 곳곳마다, 복음

간증을 한 교회에서 전도 훈련을 받고 있는 권사님들이 우리 부부가 사역하는 전도 현장을 직접 보고 싶다고 하셔서서 2명씩 번갈아 가며 함께 전도를 했습니다.

어떤 자매는 교회에서 상처받아 실족했는데, 집에 오지 말라고 거절을 했습니다. 하지만 성령님께 맡기고 방문했습니다. 권사님이 문을 두드리니 역시 냉정한 태도로 거부를 했습니다. 우리는 자매 앞으로 가서 친절하게 인사를 하고 정원에 꽃나무와 채소가 자라는 모습을 보면서 정말 부지런하다며 칭찬해 주었습니다. 결국 집 안으로 들어가는 데 성공했습니다.

우리는 자리에 앉아서 자매의 이야기를 잘 들어 주었습니다. 자매는 실족하기 전에는 신앙 수필과 시를 써서 많은 사람을 감동시켰다면서, 지금도 하나님과의 관계는 계속하고 있다고 했습니다. 우리는 주님의 몸 된 교회의 지체로서 당연한 자신의 몫을 다하지 않고 떨어져 나온 점에 대해 "나는 포도나무요 너희는 가지라 그가 내 안에, 내가 그 안에 거하면 사람이 열매를 많이 맺나니 나를 떠나서는 너희가 아무것도 할 수 없음이라"라는 요한복음 15장 5절 말씀으로 권면했습니다.

교회는 훌륭한 그리스도인들을 보여 주는 전시장이 아니라, 오히려 불완전한 그리스도인들을 교육시키는 학교와 같습니다. 또한 아프고 상처 입은 사람들을 치료하고 돌봐 주는 병원과 같습니다. 그 어디에도 완벽한 교회는 없습니다. 우리는 다만 이 땅 위에 있는 교회가 하나님 나라의 모형으로 변화되고 성장할 수 있도록 기도하고 양육해야 합니다.

다양한 교인들 사이의 차이를 이해해 극복하지 못하면 교회 내 갈등이 심화됩니다. 그렇다 보면 성도가 실족하는 경우가 많아질 수 있습니다. 자매에게 변화하고 있는 교회의 모습과 목사님의 은혜로운 말씀으로 성숙되어 가는 과정을 이야기해 주며 지난날의 잘못을 용서하고 신앙을 회복할 것을 당부했습니다.

성령님이 놀랍게도 자매의 마음을 완전히 변화시켜 주셨습니다. 자매는 다음 주일에 교회에 나가겠다고 약속했습니다. 자매의 미국인 남편은 전에 교회에 나가며 많은 봉사를 하고 기쁘게 신앙생활을 했는데 아내가 실족하는 바람에 덩달아 못 나갔습니다. 그런데 다음 주에 교회에 나가겠다는 소리를 듣더니 아내에게 고맙다고 하면서 매우 좋아하는 모습을 감추지 못했습니다. 아내를 끔찍이 사랑해 마음을 상하게 하지 않으려고 그동안 기도만 했는데 드디어 응답받았다고 기뻐했습니다. 부족한 자를 사용하시는 하나님의 은혜에 감사하면서, 계속 열 가정을 방문했습니다. 실족한 자들의 회복을 위해 기도하고 복음을 전했을 때 많은 열매를 맺을 수 있었습니다.

아직도 우리 주변에는 무수한 사람들이 실족해 교회를 나오지 않고 있습니다. 그들은 우리의 무관심으로 영혼이 메말라 가고 있습니다. 때로는 하나님을 아주 떠나 세상 속에서 방황하는 안타까운 상황을 보게 됩니다. 나 때문에 실족해 교회를 떠난 사람이 없는가 생각해 보아야 합니다. 무심코 던진 말 한마디가 천하보다 귀한 한 영혼에게 한평생 지울 수 없는 상처를 입힐 수도 있습니다. 그들의 영혼은 그 누군가 손잡아 이끌어 주기를 바라고 있는지도 모릅니다.

우리는 주위에 실족한 영혼들을 찾아가서 하나님의 사랑을 전해야 할 책임을 느껴야 합니다. 예수님은 "누구든지 나를 믿는 이 작은 자 중 하나를 실족하게 하면 차라리 연자 맷돌이 그 목에 달려서 깊은 바다에 빠뜨려지는 것이 나으니라"(마 18:6)라고 하셨습니다.

다음 날은 미국에 와서 옷 디자이너로 성공한 40대 남자분이 운영하시는 유니폼 가게를 권사님과 함께 찾아갔습니다. 함께 가신 권사님은 20년 전부터 그분과 누나, 동생 하면서 친하게 지내 온 터이지만 복음을 전하지 못했다며 안타까워하셨습니다. 그분은 1년에 한두 번은 유럽 여행을 하면서 스트레스도 풀고 낭만적인 삶을 살고 있어서 만족한다고 말씀하셨습니다. 유럽의 도시들을 소개하며 그곳에서 화가들도 만났다면서 자기의 삶이 행복하다고 쉬지 않고 2시간 동안 이야기하셨습니다. 누군가가 자랑할 때 들어 주는 것은 상대의 마음 문을 열 수 있는 좋은 기회입니다. 우리는 계속 잘 들어 주었습니다.

이야기가 끝나 갈 무렵, 유럽이 아무리 좋다고 하더라도 천국에 비교할 수는 없다고 말하면서 복음과 함께 천국과 영생에 대해 자세히 전했습니다. 우리가 2시간 동안 이야기를 잘 들어 주었기 때문인지 그분도 우리가 전하는 복음에 대해 논쟁하기도 했지만 경청했으며, 곧 숙연해지셨습니다.

사람들이 자기에게 교회에 가자고는 했지만 그 누구도 오늘처럼 복음을 전해 준 사람은 없었다면서, 왜 예수님을 믿어야 하는지를 알게 되어 기쁘다고 했습니다. 그분은 진지한 마음으로 뜨겁게 예수님을 구주와 주님으로 영접하셨고, 기쁜 마음에 식당에 가서 식사를 대접하겠다고 하셨습니다. 우리는 함께 식사를 하면서 하나님의 자녀가 앞으로 해야 할 일들과 신앙생활의 유익에 대해 대화를 나누었습니다.

하루도 쉬지 않고 심방을 했더니 육신은 매우 피곤했지만 하나님이 매 순간 새 힘을 공급해 주셔서 기쁨으로 감당할 수 있었습니다.

"오직 여호와를 앙망하는 자는 새 힘을 얻으리니 독수리가 날개 치며 올라감 같을 것이요 달음박질하여도 곤비하지 아니하겠고 걸어가도 피곤하지 아니하리로다"(사 40:31).

교회에서 열심히 봉사하는 성도일지라도 예수님을 머리로만 알고 있는 경우가 많습니다. 따라서 반드시 구원의 확신에 대해 질문할 필요가 있습니다. 또한 은혜를 받았거나 기도 응답을 체험했다고 할지라도 구원과 관계없는 믿음 생활을 하고 있는 경우도 종종 있습니다. 일시적으로 이 땅에 사는 동안에만 필요한 믿음일 뿐 영생에 들어가는 믿음이 아니기 때문에, 구원 얻는 믿음을 소유하지 못해 안타까울 때가 많습니다. 구원 얻는 믿음이란 그 어떤 것도 필요 없고 오직 예수 그리스도만을 신뢰하는 것입니다.

2002년부터 우리가 RV에 복음을 싣고 달리면서 복음의 씨를 뿌리며 외치는 것은 "엉뚱한 열심을 버리고 오직 예수님이 십자가에서 이루어 놓으신 복음을 믿으라"는 것입니다. 전도자의 가장 중요한 일은 믿지 않는 영혼들을 위해 기도하는 것입니다. 하나님이 그들의 마음을 바꾸셔서 복음의 진리를 알게 하시고, 그들이 하나님의 사랑과 예수 그리스도를 통한 구원이 필요하다는 사실을 알도록 기도해야 합니다. 그리고 그리스도인으로서 거룩한 삶을 보여서 하나님이 우리의 인생 가운데 행하신 일들을 보여 주어야 합니다.

성 프란체스코는 "복음을 항상 보여 주고 필요할 때만 말로 전하라"라고 했습니다. 우리는 온유함과 상대를 존중하는 마음을 표현해야 하며(벧전 3:15), 우리의 믿음이 전달될 수 있도록 담대히 복음을 전해야 합니다. 복음을 듣기 꺼려하는 사람들도 있습니다. 하지만 우리는 복음을 전하라는 사명을 받았기 때문에 어떤 핑계도 댈 수 없습니다. 구원의 문제를 하나님께 맡겨야 하는 이유는 구원하는 것은 나의 노력이 아닌 하나님의 능력과 은혜이기 때문입니다.

가는 곳곳마다 우리 부부의 지나온 삶의 간증을 통해 하나님이 역사하신 이유는 우리가 안일하게 살지 않고 계속해서 전도하는 삶의 본을 보이며 살고 있기 때문이라고 생각합니다. 어디서 누구를 만나든지 꼭 구원의 문제를 짚고 넘어가는 까닭은 그 사람을 언제 또 만날지 모르기 때문입니다. 만난 그때 복음을 심어 주어야 합니다. 뿌린 씨앗은 그 언젠가 싹이 트고 자라기 때문에 항상 복음의 씨앗을 뿌려야 합니다.

급하게 보내 주신 천사

하나님은 처음 가 보는 낯선 지역이지만 어디든 잘 곳을 예비해 주셨습니다. 어느 날에는 주유소 옆 공터에 RV를 주차하고 잠을 자는데, 한밤중에 이상한 소리가 들렸습니다. 창문을 조금 열고 밖을 내다보고는 소스라치게 놀랐습니다. 밤이 늦어 가게도 문을 닫고 인적이 없는데 오토바이를 탄 사람들이 RV를 포위하고 있었습니다. 순간적으로 갱들을 만났다는 생각에 정신이 아찔했습니다. 우리 부부는 RV 안에서 할 수 있는 일이 아무것도 없었습니다. 하지만 임마누엘 하나님께 우리의 상황을 기도로 아뢸 수 있어서 감사했습니다.

밖의 상황이 궁금해서 기도를 길게 못하고 창문을 조금 열고 내다보았습니다. 그런데 어느새 경찰차 3대가 와서 조금 떨어진 곳에서 강렬한 전조등을 켜고 우리 RV를 향해 비추고 있었습니다. 경찰들은 경찰차 문 밖에 열중쉬어 자세로 서서 움직이지 않고 우리 쪽을 주시하고 있었습니다.

얼마 동안 긴장감이 돌더니 오토바이가 한 대씩 스스로 떠나기 시작했습니다. 모든 오토바이가 다 사라지도록 경찰들이 우리를 보호해 주어서 아무 일도 일어나지 않았습니다. 경찰들은 우리가 자고 있는 줄 알았던지 조용히 돌아갔습니다. 우리는 하나님이 우리의 기도를 들으시고 급하게 천사를 보내 주셨다고 기뻐하며 감사 기도를 드렸습니다. 우리 부부는 한 번도 생각해 보지 않은 상황을 만났으나 하나님이 "두려워하지 말라 내가 너와 함께함이라 놀라지 말라 나는 네 하나님이 됨이라 내가 너를 굳세게 하리라 참으로 너를 도와주리라 참으로 나의 의로운 오른손으로 너를 붙들리라"(사 41:10)라는 말씀으로 붙들어 주셔서 마음이 평안했습니다.

계속해서 동쪽으로 달렸습니다. 봄기운에 새싹이 돋아나서 아름다운 전원의 풍경이 보이기 시작했습니다. 푸른 풀밭에서 소떼, 양떼가 한가로이 풀을 뜯고 나무에 새싹이 움터서 정말 아름다웠습니다. 기후가 온화해 춥지도 덥지도 않아서 매우 상쾌하고 좋아 행복했습니다. 알칸사스주에 들어서자 경치가 더욱 아름다웠습니다. 우리는 미국에 와서 계속 LA에서만 살았기 때문에 많은 수목을 볼 기회가 없었습니다. 그런데 이렇게 나무가 많은 숲을 보다니, 정말 하나님의 은혜였습니다.

우리 부부는 정말 신기하고 좋아서 산으로 올라갔습니다. 조그만 시내가 내려다보이고 공기가 상쾌해 둘이 손을 잡고 오솔길을 걸었습니다. 산언덕에서 뜨거운 물이 솟구쳐 나오는 온천수를 보았습니다. 길 곁에 온천수를 받아 놓은 통들이 놓여 있었는데, 뚜껑이 나무로 되어 있어 앉고 누웠더니 등판이 시원했습니다. 찜질방이 따로 없었습니다.

공기 좋고, 물 좋고, 경치 좋은 곳, 그리고 커다란 호수에 요트가 떠 있는 아름다운 곳! "아! 아! 하나님은 참으로 멋진 분이시다!" 감탄이 저절로 나왔습니다. 하나님이 그동안 열심히 사역한 것에 대한 보너스로 우리를 좋은 곳으로 인도해 쉼을 주신 것이었습니다. 이곳에서 살면 건강해질 것만 같았습니다.

그러나 하나님이 주신 사명이 있기에 지체하지 않고 또 떠났습니다. 넓은 미국 땅을 횡단할 수 있는 은혜를 주신 하나님께 감사하며 찬양을 드렸습니다. "너의 가는 길에 주의 평강 있으리 평강의 왕 함께 가시니 / 너의 걸음걸음 주 인도하시리 주의 강한 손 널 이끄시리 / 너의 가는 길에 주의 축복 있으리 영광의 주 함께 가시니 / 네가 밟는 모든 땅 주님 다스리리 너는 주의 길 예비케 되리 / 주님 나라 위하여 길 떠나는 나의 형제여 주께서 가라시니 너는 가라 주의 이름으로 / 거칠은 광야 위에 꽃은 피어나고 세상은 네 안에서 주님의 영광 보리라 / 강하고 담대하라 세상 이기신 주 늘 함께 너와 동행하시며 네게 새 힘 늘 주시리"(원제, "너의 가는 길에")

토네이도가 지나가고

복음 안에서 함께 사역한 집사님들과 예수님을 영접한 분들과 헤어지는 것은 참 아쉬웠습니다. 하지만 5월 말까지 메릴랜드 지구촌교회에 도착해야 하기에 부지런히 떠나야 했습니다. "그리스도 예수의 사람들은 육체와 함께 그 정욕과 탐심을 십자가에 못 박았느니라"(갈 5:24)라는 말씀을 기억했습니다.

우리는 한 배를 탄 복음의 동역자들이니 몸은 떠나도 늘 함께하는 것이라고 위로하며 눈물로 헤어졌습니다. 떠나는 우리의 마음을 아는지 하늘에서 비가 쏟아지기 시작했습니다.

날씨가 흐리고 비가 오면 RV 안이 추워서 몸이 더 아프고 괴로워 밤잠을 제대로 자지 못했습니다. 교통사고 후유증 때문에 때때로 매우 힘들었지만, 사역을 할 때는 성령의 능력이 솟구쳐 올라서 잘 감당할 수 있었습니다. 지금까지 계속해서 복음을 전할 수 있는 은혜와 능력을 주신 하나님을 찬양하면서 빗길을 달렸습니다.

양쪽 길가에 끝이 보이지 않게 간격을 맞추어 심어 놓은 밀밭과 옥수수밭이 참 아름다웠습니다. 곡식들이 가을의 풍성한 결실을 위해 하늘의 햇볕과 비를 먹으며 열심히 자라고 있었습니다. 우리도 하나님이 공급해 주시는 은혜와 능력으로 만나와 메추라기를 먹으면서 열심히 사역해 영혼을 구원할 것을 다짐했습니다.

테네시주의 어느 조그만 도시에 도착했는데 천둥 번개가 아주 요란하게 치더니 강한 빗줄기와 우박이 세차게 쏟아지기 시작했습니다. 알고 보니, 이 지역에 토네이도가 오고 있는 중이었습니다. 벌써 160km 정도 떨어진 곳에서 40명의 인명 피해가 있었습니다. 그곳은 전날 우리가 지나온 지역이었습니다. 피할 길을 주신 하나님께 감사를 드렸습니다.

비가 조금 멈추는 듯하여 어느 집에 전도하러 갔습니다. 그곳에서 복음을 전하고 나오려는데 문이 열리지 않을 정도로 또다시 비가 억수같이 쏟아지고 강한 바람이 몰아쳤습니다. 그날 태어나서 처음으로 대추 크기만 한 큰 우박이 막 쏟아지는 모습을 보았습니다. 길거리의 큰 나무들이 강풍을 견디지 못하고 힘없이 쓰러졌습니다.

빨리 대피하라는 방송이 나왔지만 토네이도를 처음 당하는 우리는 어찌할 줄 몰라 당황스러웠습니다. RV를 가지고 어디로 가야 할지 막막했는데, 우리가 간증했던 교회의 건물이 생각나서 그곳

으로 갔습니다. 그 교회의 정문 앞은 꼭 호텔 정문 같아서 지붕이
있었습니다. 마치 닭이 병아리를 품듯이 교회 건물이 우리 RV를
품어 토네이도를 피할 수 있게 해 주었습니다.

"새가 날개 치며 그 새끼를 보호함같이 나 만군의 여호와가 예
루살렘을 보호할 것이라 그것을 호위하며 건지며 뛰어넘어 구원
하리라 하셨느니라"(사 31:5).

토네이도가 오기 전에는 세상이 금방 어떻게 될 듯이 사방이 어
수선했고 공포와 두려움이 있었습니다. 그런데 지나고 나니 언제
그랬냐는 듯 고요하고 평온한 일상으로 돌아왔습니다. 우리의 지
나온 삶 가운데도 생각도 하기 싫은 무서운 토네이도와 같은 연단
의 시간들이 있었습니다. 그때는 매우 힘들고 어려웠지만 하나님
이 감당할 힘과 피할 길을 주셔서 결국은 믿음으로 승리하게 하셨
습니다. 오늘의 우리가 있기까지는 오직 하나님의 은혜 때문임을
고백합니다.

우리가 가는 곳곳마다 복음은 모르는 채 무턱대고 교회만 다니
면 축복을 받는 줄 아는 사람들이 많았습니다. 분명히 목사님이
설교하시고 성경 공부를 통해 말씀하셨을 텐데, 복음 때문에 기뻐
하고 감사하는 사람들을 찾기가 힘들었습니다. 교회를 다니면서
물질이 많아져서, 명예를 얻어서, 자식이 잘되어서 기뻐하고 좋아
하는 사람들은 많았습니다. 그러나 십자가의 복음은 감추어져 있

었습니다.

"그중에 이 세상의 신이 믿지 아니하는 자들의 마음을 혼미하게 하여 그리스도의 영광의 복음의 광채가 비치지 못하게 함이니 그리스도는 하나님의 형상이니라"(고후 4:4).

박사학위를 받기 위해 유학 온 학생들이 많은 지역에 갔을 때입니다. 젊은 부부들이 아이들을 데리고 미래의 꿈을 이루기 위해 몇 년 전에 미국에 왔다가 신앙생활을 시작한 분들이 많았습니다. 아직 구원의 확신은 없지만 교회에서 열심히 봉사하고 있었습니다. 지식으로는 예수님에 대해서 알고 있는데, 마음으로는 믿어지지 않는다고 자신들의 신앙에 대해 솔직하게 말했습니다. 일곱 가정의 부부들이 한결같은 대답을 했습니다. 그들은 성경 말씀이 다 깨달아지고 이해되어야 믿을 수 있다고 논리적으로 생각하고 있었습니다.

우리 부부는 성령님의 인도하심을 따라 조심스럽게 기도하는 마음으로 복음을 전했습니다. 믿음에는 종류가 많은데, 구원 얻지 못하는 믿음도 있습니다. 예를 들어, 병이 들었을 때, 물질이 없어 궁핍할 때, 자식들이 속을 썩일 때, 여행을 갈 때 안전을 위해 하나님께 기도하는 것도 믿음입니다. 그러나 이러한 믿음은 이 세상을 살아가는 데 꼭 필요한 일시적이고 현세적인 믿음일 뿐 천국 가는 믿음이 아닙니다. 그동안 비록 기도도 못하고 봉사도 못했어도 괜찮습니다. 천국 가는 믿음은 자신이 죄인임을 깨닫고 회개해야 소유할 수 있습니다. 그리고 십자가에서 죽으시고 부활하신 예수님을 나의 구주와 주님으로 영접해야 구원을 받을 수 있습니다.

그날 한 사람도 빠지지 않고 무릎을 꿇고 진심으로 예수님을 영접하는 복을 받았습니다. 흔히 지식이 많은 사람은 복음을 듣고 믿기가 어렵다고 합니다. 하지만 성령님의 역사하심은 능치 못함이 없습니다. 그분들은 하나님이 성경을 통해 하신 말씀을 순수하게 받아들였습니다. 성경은 "사람이 마음으로 믿어 의에 이르고 입으로 시인하여 구원에 이르느니라"(롬 10:10)라고 말합니다.

국내 선교사로 임명받다

2003년 5월 중순, 드디어 1년 동안 대륙 횡단을 해 메릴랜드 워싱턴 DC에 도착했습니다. 지난해 6월에 LA를 떠나 라스베가스, 애리조나, 뉴멕시코, 텍사스, 알칸사스, 테네시, 켄터키, 버지니아를 지나 온 것입니다. 미국 지도 한 장 들고 오직 하나님만을 의지하고 떠난 길을 하나님은 구름 기둥, 불 기둥으로 인도해 주셨습니다. 태평양을 보고 떠났는데, 대륙 횡단을 해 하나님의 은혜로 대서양을 바라보면서 깊은 감동이 일었고 눈물이 앞을 가렸습니다.

우리의 삶을, 아니 일생을 하나님께 의탁하고 오늘은 이곳, 내일은 저곳, 하나님이 지시하시는 곳이면 어디든지 가겠다고 고백하며 다녔습니다. 우리의 결단은 날이 갈수록 더욱더 굳어졌고 기쁨이 충만했습니다. "우리가 살아도 주를 위하여 살고 죽어도 주를 위하여 죽나니 그러므로 사나 죽으나 우리가 주의 것이로다"(롬 14:8)라고 고백했습니다.

6월 초순에 메릴랜드 워싱턴 지구촌교회에서 며칠간 국제 전도 폭발 지도자 임상훈련이 진행되었습니다. 각처에서 오신 목사님들과 평신도 지도자들과 함께 우리도 강훈련을 받았습니다. 우리 부부는 훈련받으신 목사님들이 각자 교회에 가서 성도들에게 전도 훈련을 시켜야 함을 절실히 느꼈습니다. 1년 동안 대륙 횡단을 하면서 다닌 교회에서 만난 무수한 영혼이 복음이 없어 고통스러워하는 모습을 보았기 때문입니다.

임상훈련이 끝난 후 지구촌교회 담임목사님이신 김만풍 목사님이 우리 부부를 국내 선교사로 임명해 주셨습니다. 또한 미주 전도폭발 본부의 간사로 임명하셨고, 앞으로 계속해서 진행될 미주 본부 사역에도 동역할 기회를 주셨습니다. 하나님이 그동안 어려움과 아픔 중에도 포기하지 않고 오직 복음을 위해 헌신한 우리에게 주신 상급이라고 생각했습니다.

"나를 능하게 하신 그리스도 예수 우리 주께 내가 감사함은 나를 충성되이 여겨 내게 직분을 맡기심이니"(딤전 1:12).

복음밖에 아는 것이 없는 부족한 우리를 복되신 하나님의 영광의 빛을 전하는 자들로 삼아 주신 하나님의 은혜에 감격스러워 눈물이 났습니다. 그동안 우리를 위해 기도해 주신 수많은 동역자와 함께 기쁨을 나누고 싶었습니다. 사실 1년 동안 대륙 횡단을 하면서 평신도 집사로 사역할 때 너무 힘들었습니다. 잘 알지도 못하는 평신도를 강단에 세웠다가 혹시 교회에 문제가 생길까 봐 외면하고 멸시하는 아픔도 당했습니다. 그런데 이제 선교사 직분을 받았으니 앞으로 더 많은 사역을 잘 감당할 수 있을 것 같아 참 기뻤습니다.

지난해 9월에 전도폭발 임상훈련 중 LA에서 잠시 만난 후 전화 통화를 하며 우리를 위해 기도해 주신 김 집사님을 만났습니다. 김 집사님은 1972년 한국에 가족을 두고 빈손으로 미국에 오셨습니다. 고생을 하며 여러 가지 일을 했는데 그때마다 하나님이 함께해 주셨습니다. 결국 성공해 큰 회사의 CEO로서 많은 사람을 사랑으로 보살피며 돕는 자가 되셨습니다. 그분은 우리에게 "복음 외에는 시간을 낭비하지 맙시다"라고 말씀하셨습니다. 바울과 아굴라와 브리스길라같이 우리 세 사람은 주 안에서 굳은 악수와 포옹을 나누었습니다. 하나님은 복음을 전하는 비전이 같은 우리를 만나게 하셨고 동역자로 세워 주셨습니다. 주 안에서 말로 다할 수 없는 기쁨과 감사가 넘쳤습니다.

어느 날 우리의 동역자 김 집사님이 자기가 다니는 병원에 같이 가자고 하셨습니다. 힘든 사역을 1년 동안 쉬지 않고 달려왔는데 건강 검진을 받는 것이 좋겠다며 권하셨습니다. 우리가 떠날 때 의사인 작은아들의 권유로 건강 검진을 받았는데 결과가 아주 좋았습니다. 1년 후 다시 검사했더니 남편의 간 수치가 매우 높게 나왔습니다. 간 전문 의사에게 정밀 검사를 받아야 한다고 했습니다. 그런데 전문 의사를 만나려면 3개월 정도를 기다려야 한다는 것입니다. 3개월 후면 캐나다 밴쿠버에서 진행되는 전도폭발 임상훈련에 참여해야 하기에 기다릴 수가 없었습니다.

감사하게도, 하나님이 병원의 스케줄을 조정해 주셔서 곧바로 정밀 검사를 받게 되었습니다. 의사는 간경화라며 무리하면 안 된다고 했습니다. 우리 부부는 보험이 없기 때문에 검사 비용이 엄청나게 많이 나왔습니다. 김 집사님이 병원에서 검사한 비용을 다 지불해 주셨습니다. 그러면서 "하나님이 선교사님을 섬길 수 있는 기회를 주신 것에 감사를 드립니다. 하나님이 저에게 섬기라고 물질을 주신 것이기에 감사할 뿐입니다"라고 말씀하셨습니다. 하나님이 우리의 필요를 다 아시고 하나님의 사람을 동역자로 만나게 해 주신 것이었습니다.

우리 부부는 앞으로 계속될 사역이 많은데 무리하지 말라는 경고를 받았습니다. 지난 1월에 애리조나에서 연세 많은 장로님이 하신 말씀이 생각났습니다. "새벽부터 밤늦게까지 너무 무리하는 것 같으니 오라는 곳 다 가지 말고 빨리 도망가라. 50개 주를 다니려면 건강도 생각해야지." 어르신이 사랑으로 권면해 주신 말씀을 듣지 않고 무리한 탓이었습니다. 뒤돌아보니 잠 못 자고 잘 먹지 못하고 오직 복음을 전하는 기쁨으로 뛰어다녔던 것입니다. 하나님이 우리 부부를 영적으로 사용해 주심에 기뻤지만, 육신은 심히 피곤해 지친 상태로 지내 왔던 것입니다.

우리는 필라델피아에 있는 기도원으로 갔습니다. 1991년 우리 부부의 병을 하나님이 능력으로 고쳐 주신 경험을 생각하며 하나님 앞에 엎드렸습니다. 하나님의 성전인 몸을 잘 관리하지 못한 것을 회개하면서 하나님의 능하신 손길을 기다리며 간절함으로 기도했습니다.

기도원에는 각 교회에서 여름 수양회로 온 청년들이 많았습니다. 한 목사님이 우리가 하고 있는 사역을 아시고는 말씀을 전해 달라고 부탁을 하셨습니다. 우리는 순종하며 말씀을 전했는데, 의외로 청년들이 은혜를 받고 눈물로 회개를 했습니다. 그 모습을 보신 그 교회 목사님과 장로님들이 교회에 와서 간증해 달라고 부탁하셨습니다. 그리고 기도하러 오신 다른 목사님들도 간증해 주기를 원하셨습니다. 기도원에서 쉬면서 기도하려고 했는데 오히려 더 바빠졌습니다. "너는 말씀을 전파하라 때를 얻든지 못 얻든지 항상 힘쓰라"(딤후 4:2)라는 말씀처럼 하나님의 기도 응답은 쉬는 것이 아니라 내일 죽더라도 오늘 주어진 사명에 최선을 다하라는 것이었습니다.

오늘을 최선의 삶으로

우리가 2002년 6월에 전도 사역을 떠나려고 준비할 때였습니다. 한 미국인 할아버지가 운전하시는 모습을 보았습니다. 연세를 여쭤 보니, 93세라고 하셨습니다. 그 연세에 어떻게 운전을 하시느냐고 물었더니 "왜 안 돼요?"라고 반문하셨습니다. 남편은 93세까지도 운전을 할 수 있다는 말에 자신감을 갖고, 우리도 90세까지 사역을 한다면 앞으로 30년은 할 수 있다며 기뻐했습니다. 그런데 겨우 1년간 사역했는데 간 때문에 너무 무리하면 위험하다는 경고를 들은 것입니다.

이후 기도원에 가서 기도할 때 하나님은 30년을 위한 사역보다 오늘 하루하루 최선의 삶을 살라고 하셨습니다. 내일 죽어도 하나님이 기뻐하시는 전도를 하다 죽는 것이 하나님께 영광이라고 하셨습니다. 우리는 우리 몸에 예수의 흔적을 가진 자로서 담대하게 기도원을 내려와서 또 사역에 힘썼습니다. 사도 바울처럼 "이는 내게 사는 것이 그리스도니 죽는 것도 유익함이라"(빌 1:21)라고 고백했습니다.

우리는 성령으로 충만해 많은 교회에서 간증할 때마다 놀라운 성령의 역사가 있었습니다. 어느 교회에서는 회개의 영이 임하셨습니다. 성도들이 밖으로 나가 전도는 하지 않고 교회 안에서만 말이 많았던 것을 성령님이 깨닫게 해 주신 것입니다.

간증 후 어느 장로님이 "선교사님들의 간증을 듣고 얼마나 회개를 했는지 모릅니다. 앞으로의 삶을 새롭게 살아가겠습니다. 교회에서 본이 되겠습니다"라고 고백하셨습니다. 당시 우리는 장로님이 개인적으로 은혜를 받아 하신 말씀으로 들었습니다. 나중에 알게 된 소식에 의하면, 그 교회가 큰 어려움을 겪고 분리될 뻔했는데 그 장로님이 회개하심으로 하나가 되었다고 합니다. 참된 회개는 자기의 잘못된 행위를 반성하는 것보다 자기의 악한 행위를 통해 근본적으로 악한 자기 자신의 모습을 깨닫고 스스로를 부인하는 것입니다.

"악인은 그의 길을, 불의한 자는 그의 생각을 버리고 여호와께로 돌아오라 그리하면 그가 긍휼히 여기시리라 우리 하나님께로 돌아오라 그가 너그럽게 용서하시리라"(사 55:7).

간증을 듣고 은혜 받으신 그 교회의 한 집사님은 RV 창문에 선팅을 해 주겠다고 하셨습니다. 그동안 밖이 환히 보이고 햇볕이

들어와 몹시 더웠지만 생각을 못 했습니다. 집사님은 미국에 와서 살다가 이혼하고 두 아들을 데리고 고생했던 이야기를 들려주셨습니다. 차 안에서 자고 라면을 먹으며 방황했다고 하셨습니다. 우여곡절 끝에 믿음 있는 분을 만나 재혼해 아들딸을 낳고 지금은 행복하다고 하셨습니다. 그분의 아내는 기도로 가정을 세우는 믿음의 여인이었습니다.

집사님은 우리의 간증을 들으면서 한여름이면 더운 날 차 안에서 얼마나 고생이 될까 안타까우셨답니다. 더위를 조금이라도 피하게 해 줄 방법을 생각하다가 선팅을 떠올리신 것입니다. 당시 11학년인 아들을 데리고 와서 교회 마당에서 그 더운 날 땀을 흘리며 선팅을 잘해 주셨습니다. 얼마나 고맙고 감사했던지요! 하나님은 우리의 필요를 일일이 아시고 세심하게 돌보아 주셨습니다. 이 세상의 권세 잡은 악한 영은 우리가 가는 길을 방해하고 육신의 고통을 통해 괴롭혔지만 두렵지 않았습니다. 세상을 이기신 예수님이 "내가 세상 끝 날까지 너희와 항상 함께 있으리라"(마 28:20)라고 약속하셨기 때문입니다.

우리는 계속해서 우리 부부를 초청하는 교회에서 간증을 하고 복음을 전하며 영혼 구원에 힘썼습니다. 많은 사람이 감동을 받고 자신들의 삶을 돌아보며 부끄럽다고 했습니다. 앞으로 남은 생애를 어떻게 살 것인가를 고민하며 눈물로 회개하는 심령도 있었습니다. 그러나 아직도 믿음이 성숙하지 못해 자신만을 위한 삶을 사는 단계에 있는 사람들도 많았습니다. 우리의 간절한 소원은 성도들이 받은 은혜를 묻어 두지 말고 전도하는 것입니다. 교회 안의 몇 사람이라도 헌신해서 하나님 나라를 위해 전도하기로 결단한다면 생명력 있는 교회로 변할 것이기 때문입니다.

이제 뉴저지를 향해 떠나야 할 때가 되었습니다. 그동안 동역했던 김 집사님과 복음을 함께 나눈 형제자매들과 헤어져야 했습니다. 모두 이별을 아쉬워했으며, 건강하지 않은 몸으로 떠나는 것을 많이 염려했습니다.

복음의 동역자 김 집사님은 사역을 할 때 가스비 걱정은 하지 말고 복음을 전하라면서 가스 카드를 손에 쥐어 주면서 이렇게 말씀하셨습니다. "어느 곳에서든지 사역하실 때 어려운 목사님을 만나면 차에 가스를 넣어 드리고, 복음을 전하다가 어려운 성도를 만나면 그분 차에 가스를 넣어 드리세요." 세상에 이런 분이 또 어디에 있을까요! 흔히 돈이 많은 사람이 더 인색하다고 이야기하지만, 그렇지 않은 사람도 있습니다. 하나님의 나라를 위해 자신의 것을 나누고 베풀 줄 아는 사람에게 하나님이 복을 더해 주시는 것을 보았습니다. 지난 1년 동안 집사의 신분으로 사역하기가 힘들었고 가스비가 없어 어려웠다는 우리의 간증을 김 집사님은 예사로 듣지 않으신 것입니다.

사실 물질은 교회에서 사례비 명목으로 주는 돈을 받으면 걱정하지 않아도 되었습니다. 그러나 우리는 교회에서 주는 사례비는 모두 감사헌금을 하고 하나님이 기도하는 하나님의 사람들을 통해 공급해 주시는 만나와 메추라기로만 살았습니다. 우리의 필요를 아시는 하나님은 더 많은 것, 즉 가스 카드까지 공급해 주신 여호와 이레 하나님이십니다.

하나님이 하나님의 사람을 통해 공급해 주신 가스 카드를 받아 들고 정말 감격해 눈물이 나왔습니다. 이제부터 가스비 걱정 없이 어느 곳이든 마음껏 가서 복음을 전할 수 있다는 생각만 해도 기쁘고 하나님의 은혜가 넘쳐 감사했습니다.

선교사 직분을 내려놓다

아침 일찍 일어나서 흥분된 마음을 가라앉히고 사역지를 향해 떠나려고 준비를 하고 있었습니다. 그동안 정들었던 집사님들이 민들레가 간에 좋다고 뜯어 오셨고, 산딸기도 많이 따 가져오셨습니다. 그분들은 사랑의 빚을 지고 떠나는 우리를 눈물로 배웅해 주셨습니다. 뉴저지에 도착해 어느 교회의 주차장에 RV를 세우고 자면서 사역이 시작되었습니다.

간증하기 전에 먼저 가정을 심방하면서 복음을 전하자고 해서 12명이 2개 조로 나누어 사역을 했습니다. 가스 카드를 선물해 주신 김 집사님이 4시간 걸리는 먼 곳임에도 복음을 전하기 위해 오셔서 한 조를 맡아 주셨습니다. 우리 부부도 한 조를 맡아서 구원의 확신이 없는 가정을 심방했습니다.

각 조마다 특별한 성령의 역사하심으로 새 생명의 열매가 주렁주렁 맺혀 구원받는 자의 수가 많았습니다. 우리는 교회로 돌아와 전도 현장에서 있었던 일들을 서로 간증하며 하나님께 영광을 올려 드렸습니다. 이런 뿌듯함은 전도의 맛을 아는 자들만 누릴 수 있는 주님의 선물이라 생각하니 정말 신이 났습니다. 김 집사님과 우리는 앞으로도 계속 동역하면서 하나님이 기뻐하시는 복음 전하는 일에 열심을 다하기로 다짐했습니다.

선교사 직분을 받은 후부터 다니는 교회마다 극진한 대우를 받았습니다. 평신도로 사역할 때와 달랐습니다. 그러면서 한 가지 안타까운 마음이 생겼습니다. 선교사 직분으로 간증할 때 평신도들의 마음에 감동이 없는 것을 느꼈습니다. 대부분의 교인들이 선교사는 어떤 어려움과 고난이 있어도 영혼을 구원하는 것이 당연하다고 생각했습니다. 우리가 사역하면서 겪은 영혼 구원을 위한 그 어떤 고생도 당연지사로 여기는 것처럼 느껴졌습니다. 교인들의 영혼 속에는 평신도라는 안일한 생각과 고정관념 때문에 가슴을 치는 회개나 도전이 깊이 잠자고 있었습니다.

우리는 대우받으려고 선교사 직분을 받은 것이 아니었습니다. 단 한 명의 성도라도 우리의 사역을 통해 도전받고 결단해 전도하는 자가 되기를 소원했습니다. 평신도로 사역할 때는 대우는 받지 못했어도 간증을 하면 목사님들도 평신도들도 회개했습니다. 어느 목사님은 우리더러 "목사를 울리는 평신도 사역자들"이라고 표현하기까지 하셨습니다.

우리가 평신도 사역자의 입장으로 사역할 때 더 많은 성도가 도전받고 주님의 제자가 되어 전도하게 된다면 기꺼이 선교사 직분을 내려놓기로 결정했습니다. 우리에게 선교사 직분을 주신 목사님께 말씀드리고 2개월 만에 다시 평신도 사역자가 되었고, 지금까지 평신도로서 사역하고 있습니다. 직분보다 더 중요한 것은 사명과 책임입니다. 우리 부부는 하나님이 평신도의 사역을 얼마나 기뻐하시는가를 매일 경험하고 있습니다.

뉴저지에서 성령 충만한 가운데 사역을 감당한 후 초청한 교회를 향해 떠났습니다. RV 뒤에 달고 다니는 작은 차는 2시간마다 엔진을 끄고 10분 정도 쉬어야 하는데 마땅한 장소가 없었습니다. 3시간쯤 올라가자 휴게소가 있어서 들어갔습니다. 그곳에서 김치찌개에 꿀맛 같은 밥을 먹고 밖으로 나가서 주변을 둘러보았습니다. RV의 오물 처리를 해야 했는데 오물 처리장이 없었습니다. 건물 안으로 들어갔더니 진열대에 안내문이 많이 붙어 있었습니다. 그곳은 로드아일랜드에서 가장 좋은 휴양지로 향하는 길목이었던 것입니다. 동쪽으로 20분 정도 들어가면 오물 처리장이 있었습니다.

지도를 보며 찾아가는 길에 펼쳐진 경치는 정말 아름다웠습니다. 나무가 많은 멋진 해변 도시였습니다. 여러 개의 크고 작은 섬들이 다리로 연결되어 있었습니다. 경치가 좋아서 많은 RV가 여

행 오는 곳이기에 오물 처리장이 있었습니다. RV를 깨끗하게 청
소하고 나서 둘이 해변을 걸었습니다. 우리를 이곳으로 인도해 주
신 하나님께 감사하면서 행복한 시간을 보냈습니다. 이토록 아름
다운 해변을 구경할 수 있다는 것만도 정말 하나님의 은혜요 축복
이었습니다.

저녁에 사람들이 낚시를 하고 있었습니다. 우리도 처음으로 낚
시를 했는데 의외로 커다란 물고기를 5마리나 잡았습니다. 남편
은 얼마나 좋고 행복한지 입을 다물지 못했습니다. 하나님이 보너
스로 좋은 장소에서 휴식을 취하도록 인도해 주셨다고 생각하니
더욱 기쁘고 감사했습니다. 사역을 위해 LA를 떠난 후 처음으로
가진 휴식 시간이었습니다.

시원한 바닷바람이 불어서 덥지 않아 모처럼 밤잠을 잘 자고 아
침에 일어났습니다. 우리는 닭 다리를 끈으로 묶어서 바다에 내려
게도 잡았습니다. 작은 게는 놓아 주고 큰 게 몇 마리는 삶았습니
다. 생선은 고추장을 넣어 자글자글 끓였습니다. 우리가 잡은 싱
싱한 게와 생선을 놓고 점심을 먹으니 정말 맛이 좋았습니다. 남
편은 "이렇게 행복해도 되는 것인지 모르겠네" 하며 함박웃음을
지었습니다.

오후에는 작은 차를 타고 섬 주변을 돌아보았습니다. 하나님이
지으신 아름다운 해변의 낭만을 즐기는 사람들이 수영을 하고 있

었습니다. 얕은 물가에서는 무엇인가 잡는 사람들의 모습이 보였습니다. 어른 손바닥만큼 큰 조개였습니다. 어떤 분이 조개를 두 개나 주어서 저녁에 조개 미역국을 끓였습니다. 국물이 얼마나 시원하고 맛이 있는지 둘이 먹다가 하나 죽어도 모를 지경이었습니다.

바닷가의 밤은 주님과 함께 멋진 낭만으로 깊어져만 갔습니다. 멀리서 파도 소리가 들리고, 밤하늘에 걸린 초승달과 별들이 총총 속삭이고, 모닥불을 피워 놓고 서로의 사랑을 확인하는 아름다운 곳이었습니다. "주의 손가락으로 만드신 주의 하늘과 주께서 베풀어 두신 달과 별들을 내가 보오니 사람이 무엇이기에 주께서 그를 생각하시며 인자가 무엇이기에 주께서 그를 돌보시나이까"(시 8:3-4)라고 고백하면서 하나님께 감사를 드렸습니다.

다음 날 사람들이 조개를 줍던 그곳에 우리도 가서 모래 속에 숨어 있는 조개를 잡았습니다. 처음에는 아무리 찾아도 없었습니다. 나중에는 무조건 모래 바닥을 꼬챙이로 찔러 딱딱한 것이 느껴지면 손으로 파 보았습니다. 그러자 손바닥만큼 큰 조개가 나왔습니다. 우리는 신이 나서 허리가 아픈 줄도 모르고 조개를 잡았습니다.

그리고 깨끗한 풀밭에서 자라는 민들레를 많이 뜯었습니다. 그늘에 앉아서 잘 다듬고 씻어서 살짝 데쳤습니다. 민들레가 간에 좋다는 조언을 떠올리며 남편을 위해 정성껏 준비했습니다. 이처

럼 아름다운 곳에서 3박 4일을 지내면서 누렸던 즐겁고 행복한 시
간은 평생 잊지 못할 것입니다.

4장 주님, 오늘은 어디로 갈까요?

-
다시 운전대를
잡고
-

차의 타이어가 되고 싶다

우리 부부를 초청한 교회에서 간증을 하고 몇 가정을 심방하며 전도했는데 좋은 결과를 얻어 매우 기쁘고 감사했습니다. 남편은 간에 이상이 있다는 사실을 알았지만 모두 하나님께 맡기고 앞으로 만날 영혼을 위해 기도하면서 운전대를 다시 잡았습니다.

우린는 사도 바울과 같은 심령으로 "내가 달려갈 길과 주 예수께 받은 사명 곧 하나님의 은혜의 복음을 증언하는 일을 마치려 함에는 나의 생명조차 조금도 귀한 것으로 여기지 아니하노라"(행 20:24)라고 고백하면서 달렸습니다. 하나님께 감사한 마음으로 오직 RV에 복음을 싣고 누군가 고생하며 땀 흘려 공사해 놓은 길을 열심히 달렸습니다. 길가 양옆에는 잔디와 함께 이름 모를 야생화들이 아름답게 피어 있었고, 나무들은 울창했습니다. 가끔 사슴들이 도로 옆에서 한가로이 풀을 뜯다가 우리를 바라보았습니다. 우리가 가는 길을 축복하는 듯 선한 눈망울로 계속 보았습니다.

얼마쯤 달려가다가 김한요 목사님이 주신 카드가 생각나서 뜯어 보았습니다. 겉장에 복음을 싣고 달려가는 RV의 모습이 아주 잘 그려져 있었고, 그 밑에 "복음 싣고 달려가는 RV의 타이어가 되고 싶습니다"라고 쓰여 있었습니다. 카드 속에는 현금 200불과 편지가 들어 있었습니다. "고마우신 박승목, 박영자 집사님께. 이 시대에 제가 알고 있는 유일한 순회 복음 전도자이십니다. 이번 집사님 내외분과 만남은 큰 기쁨이었습니다. 복음의 순수성과 투명성을 회복하는 기회였습니다. 피곤하고 지칠 때마다 집사님을 생각하겠습니다. 계속 달리고 계실 집사님을 생각하며 힘을 내겠습니다. 다시 이곳 뉴잉글랜드 지역에 오실 때 방문해 주실 것을 부탁합니다. 건강하세요."

목사님의 마음이 우리의 가슴에 와닿아 그만 주체할 수 없는 감사의 눈물을 흘리고 말았습니다. 하나님이 목사님을 통해 우리를 위로하시고 사랑해 주신 것이라고 믿었습니다. 그 마음이 잔잔하고 뜨겁게 전해져 우리는 더욱더 복음을 위해 살아가리라 다짐했습니다.

9시간을 달렸더니 해가 저물었습니다. 우리는 트럭 운전자들이 쉬기도 하고 잠을 자기도 하는 곳으로 들어갔습니다. 트럭들이 엔진을 끄지 않아 매우 시끄러웠습니다. 사도 바울이 복음 전할 때 당한 어려움을 생각하면서 잠을 청했지만 쉽게 잠이 들지 않았습니다. 다음 날 피곤한 몸이지만, 하나님은 목적지를 향해 달려가는 우리의 마음에 독수리 날개 치며 올라감 같은 충만함을 주셨습니다.

대륙 횡단을 하는 중에 창밖으로 펼쳐지는 경치를 보며 하나님이 지으신 세계가 이토록 아름다울 수가 있는지, 말로 표현할 수가 없었습니다. 복음을 전하기 때문에 주신 하나님의 보너스가 틀림없었습니다. 하나님의 보너스 은혜를 생각하니 더 힘이 솟구쳤습니다.

인디애나주 어느 교회에서 집회가 있었습니다. 도착해서 마켓 주차장에 RV를 세우고 하룻밤을 보냈습니다. 그런데 아침에 일어나 보니 RV 뒷바퀴가 찢어져 바람이 빠져 있었습니다. 스페어 타이어로 바꾸는 데 40불을 주었고, 집회가 끝난 후 새 타이어로 바꾸는 데 160불을 지불했습니다. 이틀 전에 김한요 목사님이 주신 현금 200불은 RV의 타이어를 바꾸는 데 꼭 맞는 액수였습니다. "복음 싣고 달려가는 RV의 타이어가 되고 싶습니다"라고 하셨는데, 어떻게 목사님이 타이어를 바꾸어야 할 것을 미리 아셨는지 정말 신기했습니다. 하나님이 성령님을 통해 앞으로 일어날 일을 하나님의 사람인 김 목사님에게 알게 하신 것입니다.

하나님은 우리가 가는 길을 눈동자같이 지켜보시고 그때마다 꼭 필요한 것을 공급해 주시는 분임을 경험하도록 역사하셨습니다. 우리는 "여호와께서 너를 실족하지 아니하게 하시며 너를 지키시는 이가 졸지 아니하시리로다"(시 121:3)라는 말씀을 믿고 복음 들고 나아갔습니다.

주일 아침 간증을 한 교회는 학문을 위해 힘쓰는 유학생들이 많았습니다. 간증 전에 사모님이 기도를 하셨는데, 유학생들이 예수님을 만나서 남은 삶을 확실한 목표를 갖고 살게 해 달라고 눈물로 기도하셨습니다. 냉철한 사고력을 가진 인재들이 살아 계신 하나님을 만나고 예수님을 증거하며 살기를 소원하며 안타까운 마음으로 기도하셨습니다. 목사님과 사모님은 우리가 간증할 때 많이 우셨습니다. 우리가 평신도이기 때문에 평신도들에게 설득력이 있고 도전이 된다면서 우리 사역의 중요성을 일깨워 주셨습니다. 그리고 앞으로 RV로는 너무 늦어 비행기를 타고 다녀야 할 때가 올지도 모른다고 격려해 주셨습니다.

그 지역에는 열심히 공부하는 학생들도 있었지만, 불성실한 학생들도 많았습니다. 그들은 한국에서 부모님이 보내 주신 학비로 허랑방탕한 생활을 하고 있었습니다. 부모님을 속이고 결혼도 안 하고 동거하면서 아무렇게나 사는 학생도 있었습니다. 또한 술 마시고 운전하다 잡혔는데 항의하고 반항해 164시간이나 벌칙을 받은 학생도 있었습니다. 한국에서 부모님은 자녀의 장래를 위해 멀리 미국까지 유학을 보냈는데, 이 같은 상황인 줄은 꿈에도 모르고 있었던 것입니다. 우리는 안타까운 마음으로 그들에게 복음을 전했습니다. 복음 외에는 답이 없고 해결책이 없기 때문입니다.

하나님은 자비로우셔서 우리의 죄를 벌하기를 원하시지 않습니다. 그러나 하나님은 공의로우셔서 우리의 죄를 벌하셔야만 합니다. 그 학생들에게는 사랑의 하나님도 중요하지만 공의의 하나님이 더 중요했습니다. 부모님은 속일 수 있어도 전지전능하신 하나님을 속일 수는 없기 때문입니다.

"주께서 내가 앉고 일어섬을 아시고 멀리서도 나의 생각을 밝히 아시오며 나의 모든 길과 내가 눕는 것을 살펴보셨으므로 나의 모든 행위를 익히 아시오니"(시 139:2-3)라는 말씀을 붙들고 부모 된 안타까운 마음으로 그들의 영혼을 향해 호소하며 복음을 전했습니다. 놀라운 성령님의 역사가 일어났고 한 사람씩 변화되었습니다.

예수님만이 구원의 길

하나님은 부족한 우리가 구원받아야 할 영혼을 만나도록 계획하셨습니다. 우리 부부는 매일같이 복음으로 무장하고 영적 전쟁에서 승리하기 위해 "내게 말씀을 주사 나로 입을 열어 복음의 비밀을 담대히 알리게 하옵소서"(엡 6:19)라고 열심히 기도했습니다.

간증하러 간 교회의 목사님과 함께 세탁소를 운영하시는 분을 만나러 갔습니다. 그런데 가는 도중에 목사님이 망설이시는 모습을 보았습니다. 이유를 물으니 "만일 그곳에서 이야기하다가 쫓겨나더라도 마음 상하지 마세요. 그분과는 누구든지 5분 이상 대화를 하지 못하고 쫓겨납니다" 하시는 것입니다. 목사님을 많이 괴롭히시는 분이라 어느 교회라도 그분이 오시는 것을 꺼려할 정도로 까다롭다고 하셨습니다.

그분은 교회를 몇 번 옮기다가 지금은 아내만 나가고, 거의 3년째 교회를 출석하시지 않았습니다. 자존심이 강해서 누구에게도 지기 싫어하시는 분이었습니다. 그래도 지나가는 길에 인사하고 싶어 왔다고 하기로 하고 세탁소로 향했습니다.

60대 초반으로, 외모는 지적으로 보이셨고, 품위도 있었고, 인상도 좋아 보이셨습니다. 우리 부부는 항상 사람들을 만나면 상대의 어떤 면으로라도 칭찬을 아끼지 않았습니다. "선생님은 인상이 대학교 교수님 같으십니다. 그리고 다른 곳과는 다르게 세탁소가 아주 깨끗하게 정돈이 잘되어 있어서 보기에 정말 좋습니다."

칭찬을 들으신 그분은 기분이 좋으셨던지 이야기를 시작하셨는데, 자신이 세상을 얼마나 멋있게 즐기며 살고 있는지를 자랑하셨습니다. 1년에 두 번은 크루즈를 타고 세계여행을 다니며 노후에 인생을 아름답게 보내고 있다고 하셨습니다. 이야기를 들어 보니, 그분은 한국에서는 국세청에서 일을 했으므로 회계에 대해서 철두철미하셨습니다. 그러니 교회의 행정에 대해 잘못된 부분은 자신이 총대를 메고 따져서 밝히곤 하셨습니다. 자기 의로 열심을 낸 것이 교회에 덕이 되지 못하고 불화만 일으켰던 것입니다. 은혜가 아닌 율법으로 신앙생활을 하셨던 것입니다.

자기 의에 빠져 종교생활을 하다 보니 주위 사람들과 서로 반목하는 관계가 되었고, 어느 누구도 충고 한마디 못하고 그분을 피하기 시작했습니다. 그 후로 그분은 기독교에 대해 반박할 목적으로 많은 책을 보았다고 합니다. 그 책들 중에 이단 종파와 다원론에 대한 내용이 많다 보니 결국 사탄에게 속아 기독교에만 구원이 있다는 진리를 반박하는 지경에 이르렀습니다.

장시간 그분의 말을 다 들어 주고 나서 남편이 입을 열었습니다. "선생님은 지금 상태로는 어느 교회에도 나가시면 안 됩니다. 왜냐하면 교회에 분쟁을 일으키는 요인이 되시기 때문입니다. 죄송한 말씀이지만, 선생님은 지금 사탄에 잡혀 있습니다. 즉 사탄의 종노릇을 하고 있는 것입니다. 마음속에 가득한 잘못된 생각들을 회개하지 않고 만일 선생님이 지금 죽는다면 지옥에 갈 것입니다. 지옥에 가는 것이 두렵지 않다면 그대로 사십시오. 그러나 하나님은 선생님도 사랑하시기 때문에 용서하실 길을 만들어 놓으셨습니다. 어느 길을 택하시겠습니까?"

종교다원주의는 모든 진리는 상대적이라고 말합니다. 또한 구원에 이르는 길도 다양하다고 믿습니다. 그것은 구원의 유일성을 인정하지 않는 것이며 기독교 외에도 구원이 있다는 주장입니다. 같은 하나님을 종교마다 다르게 부를 뿐이라고 강조하며, 산에 오르는 길은 달라도 결국 정상에서 다 만날 수 있다는 착각을 일으킵니다. 성경대로 믿는 사람이라면 길은 하나요, 정상도 하나뿐이기 때문에 예수님만이 구원의 길이라 인정하고, 구원의 유일성과 절대성을 확실히 믿습니다. 예수님은 "내가 곧 길이요 진리요 생명이니 나로 말미암지 않고는 아버지께로 올 자가 없느니라"

(요 14:6)고 하셨습니다.

기세등등하며 자신의 이론이 맞다고 주장하던 분이 갑자기 꼼짝도 못하고 경청하시더니 얼굴이 창백하게 변했습니다. 곧 숨을 몰아쉬고는 아내분에게 물을 달라고 했습니다. 우리는 때리면 맞을 각오를 하고, 복음 안에서 성령님이 말하게 하심을 따라 담대히 말했습니다. 아내분은 맞다고 고개를 끄덕이며 듣다가 남편인 그분의 눈치를 보면서 안타까워했습니다.

목사님은 분명히 5분 안에 쫓겨날 것이라고 하셨지만, 성령님이 우리의 입을 통해 경고의 말씀을 전하셨고 그분으로 하여금 결국 하나님께 굴복하도록 역사하셨습니다.

세탁소에서 나온 후 우리 부부의 마음속에 그분에 대한 생각이 떠나지 않았습니다. 그 한 사람으로 인해 많은 목회자와 성도들과 특히 아내분이 많은 어려움 속에서 신앙생활을 하고 있는 모습을 목격한지라 간절한 기도가 나왔습니다.

1년 후에 캐나다 토론토를 가는 길에 조금 돌아가는 길이었지만 그분을 만나기 위해 그 지역을 방문했습니다. 하지만 마침 한국에 나가셔서 만나지 못했습니다. 하나님이 우리의 발걸음을 보셨고 기억해 주실 것이기에 그 언젠가 주 안에서 만날 때는 반드시 성령님의 특별하고 크신 역사가 있을 것이라 믿었습니다.

우리는 1년에 두 번씩 대륙 횡단을 하면서 하나님의 인도하심을 따라 사역을 했습니다. 봄에는 동부에서, 가을에는 서부에서 전도폭발 지도자 임상훈련을 실시할 때 간사로서 돕는 사역을 하면서 RV를 타고 길에서 자고 먹으며 다녔습니다. 가는 곳곳마다 교회에서 간증 집회도 하고, 믿지 않는 자들에게 복음을 전하고, 실족한 영혼에게 다시 회복하도록 말씀으로 위로와 사랑을 전했습니다. 매일매일 바쁘게 사역을 하다 보면 세월이 얼마나 빠르게 지나가는지, 시간이 날아가는 듯했습니다. "우리의 연수가 칠십이요 강건하면 팔십이라도 그 연수의 자랑은 수고와 슬픔뿐이요 신속히 가니 우리가 날아가나이다"(시 90:10)라는 시편 기자의 고백이 실감났습니다.

또 1년 후 다시 그곳을 방문했습니다. 놀랍게도, 하나님이 그동안 그분의 마음을 변화시켜 주셨습니다. 우리를 만났을 때 진심으로 반갑게 맞아 주셨습니다. 우리가 전해 드린 성경책을 받아 가슴에 안으며 이제부터는 말씀대로 살겠다고 고백하셨습니다. 우리의 진심에 탄복했으며, 전해 준 하나님의 사랑을 회복하고 이제부터는 절대로 망령된 소리를 하지 않고 순종하는 믿음을 갖겠다고 하셨습니다. 우리의 발걸음이 헛되지 않도록 "내 이름으로 무엇이든지 내게 구하면 내가 행하리라"(요 14:14)라는 말씀대로 역사해 주신 하나님의 능력에 찬양을 드리며 우리 모두는 기뻐하며 감사 기도를 드렸습니다.

물질을 초월한 믿음

하나님은 부족한 우리를 사용해 주셨고, 계속해서 사역할 교회와 성도들을 예비해 놓으셨습니다. 복음을 전하면서 형용할 수 없는 하늘의 기쁨이 넘쳤지만 육신은 얼마나 피곤했는지 모릅니다.

그러던 어느 날 내일을 위해 일찍 잠자리에 들려고 하는데 밤 10시쯤 50대 초반의 여자 집사님이 RV로 찾아오셨습니다. 어느 교회에서 우리 부부가 간증한 내용을 담은 CD를 듣고 매우 감동을 받아서 꼭 만나 보고 싶어 왔다고 하셨습니다. 허름한 차림에 화장기 없는 얼굴, 질끈 동여맨 생머리의 외모로 보아서는 수수한 분이셨습니다. 그러나 대화를 나누면서 하나님과 영적으로 깊은 교제를 하는 믿음의 사람임을 알게 되었습니다. 기도와 찬송 중에 하나님을 만나고 율동으로 예배를 드리며 매 순간 주님과 동행해 철저히 순종의 삶을 사는 믿음의 여인이셨습니다.

그분은 아들과 함께 살면서 조그만 식당을 운영하셨습니다. 우리의 간증을 듣고 하나님이 사역에 동역하고 싶은 감동을 주셔서 하루라도 지체할 수 없는 심정으로 선교비를 가지고 단숨에 달려왔다며, 새벽 2시 반까지 이야기를 하다 가셨습니다. 집사님은 저 같으면 입지도 않을 허름한 옷을 입으셨고, 들고 온 핸드백도 너무 낡았습니다. 하지만 그 모습 그대로 찾아오신 집사님의 마음은 얼마나 부요한지요! 자신은 돌보지 않고 어떻게 그 많은 물질을 주의 나라를 위해 선뜻 드릴 수 있는지, 저 자신이 부끄럽고 숙연해지기까지 했습니다.

우리가 많은 사람 속에서 높임을 받아 교만해질까 봐 하나님이 그분을 보내신 것이라는 생각이 들었습니다. 순수한 믿음으로 나서지도 않고 삶 속에서 하나님의 일을 잠잠히 감당하시는 집사님을 통해 차원 높은 신앙인의 모습을 보게 하셨습니다. 참으로 머리가 숙여진 것은 집사님의 아름다운 믿음 때문이었습니다. 돈과 비교도 할 수 없는 귀한 믿음, 물질을 초월한 믿음을 우리도 갖기를 소원했습니다.

우리는 다음 날 집사님이 장사하시는 곳을 찾아갔습니다. 허름한 차림의 집사님처럼 가게도 초라한 모습을 한 아주 작은 식당이었습니다. 우리는 뜨거운 생강차를 마시면서 오랜 친구같이 시간가는 줄 모르고, 무려 6시간 동안을 의자가 몇 개 안 되는 식당에서 머리를 맞대고 대화를 나누었습니다.

우리의 대화는 그곳에서 집사님과 함께 일하는 청년에 대한 이 야기로 이어졌습니다. 청년은 5년 전에 미국에 와서 무척 고생을 했습니다. 영주권이 없는 힘든 상황에 정신적인 고통이 심해 몇 번이나 차를 타고 들이박아 죽으려고 했습니다. 그런데 순간적으로 무엇인지 알 수 없는 것이 자기 안에 들어온 느낌을 받았는데, 그 후부터 두려움에 시달렸습니다. 조그마한 구멍이나 틈이 보이면 누군가 자기를 노려보는 것 같아 잠을 자지 못하고 고통스러웠습니다.

그러던 중에 그 집사님을 만났고, 신앙을 갖게 되었습니다. 이후 끊임없는 기도와 사랑을 받으면서 영적으로 그를 괴롭히던 어두움의 영이 떠나갔습니다. 집사님을 도와 가게 일을 하면서 이제는 어느 교회에서 찬양 리더로 온전하게 쓰임 받을 수 있기를 원한다는 기도를 부탁해 함께 주님께 간구하는 시간을 가졌습니다. 눈물로 기도하며 승리의 그날을 위해 다짐하는 청년의 얼굴에는 소망이 넘쳤습니다. 집사님의 헌신과 희생이 청년의 인생을 죽음에서 생명으로 이끌어 준 것입니다. 집사님은 "나와 같이 모든 일에 모든 사람을 기쁘게 하여 자신의 유익을 구하지 아니하고 많은 사람의 유익을 구하여 그들로 구원을 받게 하라"(고전 10:33)라는 바울의 권면을 실천하신 아름다운 신앙인이셨습니다.

하나님은 주님의 마음을 품고 무슨 일이든지 하나님의 영광을 위해 소문 없이 일하고 계시는 집사님을 뜻이 있어서 만나도록 해 주셨습니다. 우리 부부에게 계속해서 신실한 자들의 신앙 모습을 보여 주신 것은 우리를 교훈하심이었습니다.

또한 하나님은 집사님을 통해 우리에게 공급해 주신 하나님의 물질을 어떻게 사용해야 하는지를 깨닫게 하셨습니다. 물질은 샘물과 같아서 퍼내어 주면 다시 고이기 마련입니다. 그런데 그동안 우리의 마음속에는 어느새 나의 필요가 우선순위에 놓였고, 더 좋은 것을 가지려는 욕심이 자리했습니다. 떠날 때 모든 것을 버리고 오직 복음을 위해 살겠다고 다짐했던 마음이 채워지는 물질로 인해 점점 변질되고 있었던 것입니다. 인간의 죄의 본성은 끊임없이, 알게 모르게 세상의 기준을 따라 살도록 우리를 유혹했습니다. 천사(Angel) 같은 집사님의 이름은 알고 보니 '엔젤라'(Angela)였습니다.

오늘은 이곳, 내일은 저곳

LA에서 사역을 하고 있을 때 펜실베이니아에 있는 영생장로교회의 다니엘선교회에서 비행기 표를 보내 주면서 전도 간증 집회로 초청해 가게 되었습니다. 공항에 도착하니 부목사님과 장로님이 마중을 나오셨습니다. 약 1만 8천 평의 공원 같은 곳에 자리한 웅장하고 아름다운 교회에 도착하니 갑자기 하나님의 임재가 느껴지며 마음이 평안했습니다. 우리는 교회 선교관 2호실에 짐을 풀고 저녁부터 시작될 집회를 위해 기도했습니다.

성전에 들어가니 "전도는 최고의 축복", 그리고 "예수 초청 잔치"라는 표어가 적힌 현수막이 보였습니다. 그 교회는 해마다 태신자를 품고 기도하면서 불신자와 실족해서 교회에 나오지 않는 사람들을 초청하는 큰 행사를 가졌는데, 그해에는 우리 부부를 강사로 초청했던 것입니다. 장로님들과 40-50대 다니엘선교회 회원들이 충성스럽게 섬기시는 모습을 보며 교회의 분위기를 대충 알

수 있었습니다.

부흥 강사로 유명하신 이용걸 목사님을 처음으로 뵙게 되었는데, 얼마나 자상하시고 사랑이 넘치시는지 머리가 저절로 숙여졌습니다. 큰 성전이 꽉 차도록 많은 분이 오셨습니다. 성가대의 은혜롭고 힘찬 찬양은 간증하기 전 우리의 마음을 더욱더 성령 충만하게 이끌어 주었습니다.

하나님은 하나님의 영광을 위해 우리 가정을 고난의 길로 인도하셨고, 또한 그 고난을 믿음으로 승리하게 하셨습니다. 하나님이 우리로 하여금 살아 계신 하나님을 증거하도록 세워 주심에 감사하며 감격스런 마음으로 첫째 날 간증을 했습니다. 당시 귀에 문제가 생겨 어지러워 걷는 것조차 힘들었지만 하나님이 붙드시고 힘을 주셨습니다.

성도들은 살아 계신 하나님이 역사하신 일들을 들으며 자신들도 살아 계신 하나님을 경험하기 위해 온전히 말씀을 따라 믿음으로 살겠다고 눈물로 고백했습니다. 목사님은 우리 부부가 걸어가고 있는 현재의 삶이 사도 바울을 연상시킨다며 본받아야 할 성도의 길이라고 말씀하셨습니다. 그리고 모두 한 영혼을 위해 최선을 다해 전도에 힘쓰자고 강조하셨습니다. 간증이 끝난 후 많은 분이 떠날 줄 모르고 서로 받은 은혜와 감동을 나누셨습니다. 그리고 제 옆으로 와서 손을 잡으며 도전을 주어서 고맙다는 인사를 많이 해 주셨습니다.

다음 날 새벽기도회에 나갔는데 얼마나 많은 성도가 사모하는 심령으로 나와서 기도를 하는지, 놀라울 정도였습니다. 새벽기도회에 출석하는 성도들의 숫자는 그 교회의 십일조라 했는데, 교회의 미래를 보는 듯 감격스럽고 감동이 넘쳐서 축복 기도가 저절로 나왔습니다.

새벽기도회가 끝난 후 목사님과 사모님과 장로님들 모두 11명이 가까운 미국 식당에 가서 아침식사를 했습니다. 목사님은 또다시 우리의 사역을 칭찬하시며, 선교사 직분을 내려놓고 평신도로 사역하기를 참 잘했다고, 지금은 평신도를 일깨우는 사역이 필요한 때라고 하셨습니다. 잘 먹고 강건해 각 지역에 복음을 전하고 사역을 통해 도전을 주어야 한다고 격려하셨습니다.

점심식사를 한 후 마켓 앞에 가서 노방 전도를 하자고 해서 갔는데, 사모님과 몇몇 성도님들이 벌써 나와 전도를 하고 계셨습니다. 병원에 심방 가셨던 부목사님과 집사님 몇 분이 또 오셔서 열심히 전도하는 모습은 하나님이 기뻐하시는 복음의 현장이었습니다.

이야기를 들어 보니, 큰 교회임에도 열정적으로 합심해서 영혼 구원에 마음을 쏟는 모습을 본 다른 교회들도 자극을 받아 열심히 전도한다고 했습니다. 또한 목사님이 전도 현장을 방문해 격려하고 전도를 하시면 다른 교회 교인들이 부러워한다고 했습니다. 한 영혼의 귀함을 알고 전도하는 것이 하나님이 가장 기뻐하시는 일이라고 강조하시는 귀한 목사님을 만나게 하신 하나님께 감사했습니다.

둘째 날에는 남편의 간증과 전도 강의가 있었습니다. "그가 모든 사람을 대신하여 죽으심은 살아 있는 자들로 하여금 다시는 그들 자신을 위하여 살지 않고 오직 그들을 대신하여 죽었다가 다시 살아나신 이를 위하여 살게 하려 함이라"(고후 5:15)라는 말씀을 나누었습니다. 성도들은 자신을 위해 사는 것이 아니라 오직 예수님을 위해 살아야 한다는 사명에 대해 말씀을 선포하자 모두 "아멘!"으로 화답했습니다. 오직 주의 뜻이 무엇인지 이해하고, 어떻게 행할 것인가를 생각하고, 지혜 있는 자같이 세월을 아끼며 복음의 비밀을 전해야 한다고 담대히 선포했습니다.

하나님의 영광을 위해 사는 사람들은 삶의 중심이 자기가 아니라 십자가에서 피 흘려 죽으신 예수님이십니다. 나는 죽고 예수님이 사셔야 나를 통해 복음의 능력이 나타나는 것입니다. 인생의 목표가 분명해 살든지 죽든지 예수 그리스도가 존귀하게 되시는 삶을 살아야 합니다. 언젠가 누구나 하나님의 심판대 앞에 선다는 사실을 기억하며 사나 죽으나 하나님께 영광을 돌리며 전도하는 우리 모두가 되어야 합니다. 남편은 세상의 명예와 지식은 없지만 오직 예수 한 분으로 만족하는 삶을 살아가는 것만이 인생의 최고

가치이며 최고의 복임을 마음껏 증거했습니다.

우리는 "내가 복음을 전할지라도 자랑할 것이 없음은 내가 부득불 할 일임이라 만일 복음을 전하지 아니하면 내게 화가 있을 것이로다"(고전 9:16)라고 고백한 사도 바울의 믿음을 본받으려 몸부림을 치고 있습니다. 어떠한 고난의 길일지라도 주께서 주신 사명으로 알고 오늘은 이곳, 내일은 저곳을 향해 RV에 복음을 싣고 달려갑니다.

인생의 내비게이션

우리는 지도를 보면서 한 번도 가 보지 않은 미국의 도시들을 찾아다니며 간증 집회를 열고 전도를 했습니다. 사역 초기인 2002년에는 내비게이션이 보편화되지 않은 때라 운전하는 남편에게 "오른쪽", "왼쪽", "돌아가요"라고 말하면서 길을 찾아다니곤 했습니다. 시행착오도 참 많았습니다.

물론 난생처음 가는 길이었어도 지도가 아주 세밀해서 찾는 데 큰 어려움은 없었습니다. 하지만 때때로 당황할 정도로 이상한 길을 만났습니다. 그때마다 하나님이 안전하게 목적지에 도착하도록 인도해 주셨습니다. 어떻게 지도만 들고 미국 대륙 횡단을 하며 사역을 할 수 있었는지, 지금은 생각만 해도 아찔합니다. 우리에게 내비게이션이 생긴 사연을 통해 하나님께 영광을 드리고 싶습니다.

2005년 5월 메릴랜드에서 사역을 하고 있을 때 뉴욕에 있는 어린양교회(김수태 담임목사)에서 초청을 해 주었습니다. 지도를 보니 가장 빠른 길은 링컨 터널을 지나서 가는 것이었습니다. 우리는 가스도 아끼고 시간도 절약하기 위해 되도록 지름길을 택했습니다. "모르면 용감하다"는 말이 있지요? 링컨 터널을 지나면 맨해튼에서 가장 복잡한 곳인 줄 몰랐습니다.

RV 뒤에 작은 차까지 달고 링컨 터널을 지난 우리 부부는 앞이 캄캄했습니다. 하늘도 잘 보이지 않게 높이 솟아 있는 빌딩숲에서 우리는 그만 당황했습니다. 지도도 잘 보이지 않고 쩔쩔 맬 수밖에 없었습니다. 길도 좁고 일방통행로가 왜 그리 많은지 진땀을 흘렸습니다. 설상가상으로 사방에서 차들이 경적을 울리며 빨리 비키라고 아우성이었습니다. 남편은 침착하게 앞뒤를 잘 살피며 이동했고, 겨우 그 복잡한 맨해튼 거리를 빠져나왔습니다.

그런데 그만 RV가 다니지 못하는 길로 들어서고 말았습니다. 그 길 중간에 얕은 터널들이 있어서 대형 차량은 진입을 금지한다는 표지판이 있었는데 보지 못한 것입니다. 그때 어디선가 경찰차가 달려와서 범칙금 딱지를 떼지도 않고 우리를 안전한 곳으로 인도해 주고는 고맙게도 조심해서 가라고 손짓했습니다. 우리가 교회에 빨리 가서 집회를 해야 한다는 것을 아신 하나님이 신속하게 도와주는 친절한 천사를 보내 주셨다고 생각하니 정말 감사했습니다.

간증 집회는 참으로 은혜 가운데 진행되었으며, 성도님들의 마음속에 많은 도전이 되었다고 목사님이 기뻐하셨습니다. 그다음 날 사랑이 많으신 목사님이 우리의 건강을 위해 영양식을 먹어야 한다며 좋은 식당으로 데려가 정말 오랜만에 맛있는 음식을 먹었습니다. 우리는 식사를 하면서 많은 대화를 나누었습니다. 엘리야에게 기운 차려 사역하도록 까마귀를 통해 음식을 공급하신 하나님! 그분은 우리가 가는 길에서도 어김없이 먹는 것까지 챙겨 주는 하나님이셨습니다.

맨해튼 길에서 겪은 일을 두 번 다시 경험하고 싶지 않았습니다. 우리는 다른 교회로 집회하러 가는 도중에 마침 전자제품을 판매하는 상점을 지나게 되어 잠시 들러 내비게이션의 가격을 물어보았습니다. 아직까지는 내비게이션이 보편화되지 않은 초창기라서 가격이 매우 비싸 980불을 달라고 했습니다. 우리에게는 꼭 필요한 물건이었지만 너무 비싸서 사지 못하고 그냥 집회 장소로 향했습니다.

그때 전화가 한 통 걸려 왔습니다. 며칠 전에 간증한 교회의 어떤 집사님이 오늘 저녁 집회를 하는 교회로 와서 우리를 만나겠다는 내용이었습니다. 거의 비슷한 간증을 하니까 오지 않으셔도 된다고 말씀드렸더니, 우리를 꼭 만나야 한다고 하셨습니다.

간증 시작 30분 전에 교회에 도착했습니다. 우리를 기다리고 있는 분은 멋진 청년이었습니다. 청년은 셔츠 주머니에서 봉투를 꺼내면서 "집사님들이 간증을 하실 때 마음에 감동이 되었습니다. 은혜 가운데 있을 때 하나님이 집사님들을 도와야 한다는 마음을 주셨습니다. 저는 그 순간 저도 모르게 '네'라고 하나님께 대답을 했습니다"라고 자초지종을 설명했습니다. 우리는 청년 때 필요한 돈이 더 많을 텐데 우리는 괜찮으니까 그냥 가져가라고 했습니다. 하지만 청년은 우리 손에 봉투를 꼭 쥐어 주면서 또다시 말했습니다. 그 말을 잊을 수가 없습니다. "집사님! 저는 하나님과 약속을 했습니다. 하나님과의 약속을 지켜야 되니까 집사님은 꼭 받으셔야만 됩니다. 그리고 정말 많은 은혜를 받았습니다. 감사합니다."

밝은 얼굴로 진지하게, 그리고 기쁨으로 하나님의 음성에 순종하려는 청년의 믿음이 매우 귀해서 축복하고 싶었습니다. 이름과 전화번호를 받고, 지금 무슨 일을 하고 있느냐고 물어보았습니다. 청년의 이름은 최윤광이었고, 한 회사에 다니며 1년 전에 결혼을 했다고 했습니다. 그는 아내도 일을 하는데 차가 없어서 퇴근 후 자기가 데리러 간다면서 지금 빨리 가야 한다는 말을 남긴 채 손을 흔들며 뛰어갔습니다. 우리 부부는 그 모습을 보며 하나님이 복 내려 주시기를 기도했습니다.

청년이 간 후 교회 안으로 들어가서 간증을 하는데 흐르는 눈물을 참을 수가 없었습니다. 성령님이 믿음으로 살고 복음을 전하는 자에게 복을 주셨고, 살아 계셔서 역사하시는 하나님을 힘 있게 증거하게 하셨습니다.

간증이 끝난 후 밤늦게 RV로 와서 청년이 주고 간 봉투를 뜯어 보고 우리는 놀라지 않을 수가 없었습니다. 빳빳한 100불짜리 10장이 들어 있었습니다. 세상 모든 사람은, 아니 예수 믿는 그리스도 인들도 물질을 내어 주는 일에는 인색한 편입니다. "주 예수 사랑하리라 나의 생명 다할 때까지"라고 찬양하며 주님을 위해 생명을 드리겠다고 목청껏 불러도 가진 물질을 드리는 것은 아까워하기 마련입니다. 그런데 청년은 아직 젊은 데다 아내가 차도 없이 불편하게 살면서도 그 많은 돈을 선뜻 내놓았습니다. 대체 그 부요한 마음은 어디에서 온 것일까요?

청년과 이야기를 나누면서 장로님과 권사님이신 부모님의 믿음을 본받아 살아가고 있다는 사실을 알게 되었습니다. 부모가 자녀들에게 믿음의 본을 보여 주고 실천하는 삶을 살아갈 때 자녀들도 믿음으로 사는 모습을 볼 수 있었습니다. 이 일로 다시 한 번 자녀들에게 어떤 믿음을 보여 주어야 하는지를 깨닫게 되었습니다. "또 아비들아 너희 자녀를 노엽게 하지 말고 오직 주의 교훈과 훈계로 양육하라"(엡 6:4)라는 말씀이 떠올랐습니다.

우리는 교회로 간증하러 가다가 내비게이션 가격을 알아보고자 들렀던 상점으로 달려갔습니다. 하나님이 내비게이션을 마련하라고 그 청년을 보내 주신 것이라고 확신했기 때문입니다. 우리가 RV를 운전하며 맨해튼 한복판에서 어쩔 줄 몰라 진땀을 흘리며 당황한 모습을 보신 여호와 이레의 하나님이 우리의 필요를 알고 준비해 주신 것입니다. 내비게이션이 보급되지 않았을 때 하나님이 사역을 위해 절실하게 필요한 그 귀한 물건을 공급해 주심에 진심으로 감사를 드렸습니다.

그런데 어찌 된 일인지 내비게이션이 며칠 잘되다가 작동이 멎어 버렸습니다. 일주일 후 구매한 상점에 다시 가서 보여 주었더니 새것으로 바꾸어 주었습니다. 일주일 전에 내비게이션을 살 때 980불의 10%를 추가로 지불하면 4년간 품질 보증을 해 준다고 했는데, 하나님이 우리에게 공급해 주신 돈은 1천 불이어서 신청하지 못했습니다. 그런데 이번에 새 내비게이션으로 바꾸어 주면서 오늘 구매하는 사람들에게는 공짜로 품질 보증까지 해 준다며 우리도 4년간 혜택을 받게 해 주었습니다. 놀라운 하나님의 인도하심에 감사했지만, 한편으로 두려운 마음도 들었습니다. 우리의 일거수일투족을 보시고 우리의 마음 상태를 살피는 하나님이시기에 무슨 일을 하든 하나님 앞에서 투명해야 한다는 깨달음을 얻었습니다.

그때부터 우리는 더 이상 지도가 필요 없었고, 내비게이션이 알려 주는 대로 다니면 되었습니다. 얼마나 쉽고 좋던지, 그 고마움은 말로 표현하기 어려울 정도입니다. 때로 길을 찾아가다가 잘못 되면 남편과 다투곤 했는데, 이제 그러지 않아도 되었습니다. 우리가 가는 길 위에 언제나 함께해 주시고 우리의 필요를 공급해 주시는 하나님을 온 마음과 힘을 다해 증거하겠다는 각오가 절로 생겼습니다.

인생의 내비게이션은 예수 그리스도이시지만, 우리가 가는 길을 잘 안내하는 것도 내비게이션입니다. 청년을 통해 공급된 내비게이션은 품질 보증 기간이 끝날 무렵만 되면 고장이 나서 지금까지 두 번씩이나 새 내비게이션으로 교체해 감사한 마음으로 잘 사용하고 있습니다.

예수님은 "그런즉 너희는 먼저 그의 나라와 그의 의를 구하라 그리하면 이 모든 것을 너희에게 더하시리라"(마 6:33)라고 말씀하셨습니다. 하나님 아버지를 전적으로 의지하면 필요한 것은 하나님이 다 채워 주십니다. 성경은 예수님을 영접한 우리는 아버지 되시는 하나님이 먹이시고, 입히시고, 마시게 하시므로 걱정할 바가 없다고 말합니다. 그래서 하나님과 우리의 관계 회복이 먼저 이루어져야 하는 것입니다. 우리의 아버지 되시는 하나님이 기뻐하시는 뜻대로 순종하며, 하나님의 대사로서 하나님의 나라를 위해 기도하고 전도할 때 하나님이 가장 기뻐하십니다.

상처 입은 가정을 위한 복음

하나님은 매일같이 전도 대상자들을 만나도록 예비해 주셨습니다. 그리고 그들에게 복음의 능력을 나타내도록 인도해 주셨습니다. 한 번은 간증이 거의 끝날 무렵에 몹시 우는 집사님이 계셨습니다. 예수님을 만나 은혜 가운데 성령 체험도 했지만, 아직도 하나님의 말씀대로 살지 못하고 결단하지 못한 것을 회개하며 통곡한 것입니다. 사연은 이러했습니다.

집사님은 남편과 이혼을 하고 6살 된 아들을 데리고 미장원을 운영하고 있었습니다. 남편은 전에 하나님께 서원을 해 신학 공부까지 하다가 그만둔 상태이고, 자신도 서원을 했었답니다. 문제는 남편이 재혼해서 아이를 낳고 살고 있는데 3년이 지난 지금 돌아오고 싶다고 자꾸만 전화를 한다는 것이었습니다. 집사님은 이혼의 상처도 있지만, 솔직히 아직도 남편을 사랑하는 마음이 남아 있다고 하셨습니다. 그런데 남편이 돌아오면 재혼한 여자는 아이와 함께 또 어떻게 사느냐고 걱정까지 하는 귀한 마음을 갖고 계셨습니다.

우리와 이야기하는 동안에 하나님이 일하고 계심을 우리 모두 느꼈습니다. 대부분의 사람들은 자신의 유익을 먼저 생각하고, 어떻게 하든지 자신이 옳다고 생각하는 쪽을 택합니다. 마음속에 선한 마음이 있으면서도 그러한 삶을 원하지 않는 또 하나의 마음이 있어서 괴로워하고 고통스러워합니다. 바울은 "내 속사람으로는 하나님의 법을 즐거워하되 내 지체 속에서 한 다른 법이 내 마음의 법과 싸워 내 지체 속에 있는 죄의 법으로 나를 사로잡는 것을 보는도다 오호라 나는 곤고한 사람이로다 이 사망의 몸에서 누가 나를 건져 내랴"(롬 7:22-24) 하며 힘들어했습니다. 이처럼 바울이 고통하며 경험했던 죄의 문제는 지금도 우리 속에서 끊임없이 나타나고 있습니다.

우리는 집사님의 이야기를 진지하게 들어 주었을 뿐인데 하나님이 그분의 마음 가운데 평안을 주셨습니다. 집사님은 하나님이 고난 가운데서 성품과 가치관을 변화시켜 주시는 과정이라고 하면서, 자기와 같은 아픔을 그 누구도 또다시 경험하기를 원하지 않는다고 하셨습니다. 그동안 너무 답답하고 암울한 상태에서 벗어나지 못해 고통스러웠는데 이제 자신이 택할 길이 보인다고 기뻐하셨습니다.

많은 문제로 고통받는 자들과 만나 그들의 이야기를 들어 주고 대화하다 보면 결국 하나님이 해결해 주신다는 것을 항상 경험하게 됩니다. 하나님은 "내가 맹인들을 그들이 알지 못하는 길로 이끌며 그들이 알지 못하는 지름길로 인도하며 암흑이 그 앞에서 광명이 되게 하며 굽은 데를 곧게 할 것이라"(사 42:16)라고 말씀하셨습니다.

또 우리는 어려움을 믿음으로 극복하며 살고 계시는 한 집사님의 슬픈 사연을 듣고 그분을 만났습니다. 매우 점잖고 건장하며 잘생긴 남편과 멋진 두 아들을 둔 행복한 가정으로 보였는데, 그 가정에도 고통이 자리 잡고 있었습니다.

남편은 열아홉 살 때 간디스토마로 뇌 수술을 받은 후 공부도 하고, 직장도 잘 다니고, 결혼해 아이들도 낳고 행복하게 살았습니다. 그런데 5-6년 전부터 상태가 나빠지기 시작하더니 이제는 운전도 못하고, 말도 어눌해졌고, 어떤 때는 정서 불안으로 아이들과 똑같이 싸우며 울기도 했습니다. 집사님은 직장을 다니면서 아이들을 키우고, 집에 있는 남편 뒷바라지를 하며 힘겹게 살고 있었습니다. 그러나 믿음으로 극복하며 사랑으로 인내하는 귀한 분이셨습니다.

대화 중에도 집사님의 남편은 순간순간 가물거리듯 불안했고 자기중심적으로 변한 심리 상태를 보였습니다. 하지만 하나님이 붙들어 주셔서 복음을 전할 수 있었습니다. 복음을 전할 때 집사님은 곁에서 계속 눈물로 남편의 구원을 위해 기도했습니다. 되도록 이해하기 쉽게 십자가의 복음을 전했습니다. 남편분은 예수님을 영접한 후 "나는 이제 죽으면 천국에 간다!"라고 소리치며 매우 기뻐하셨습니다. 우리 모두는 하나님께 감사 기도를 드리며 함께 기쁨을 나누었습니다. 어린아이같이 순진하고 티가 하나도 없어 보이는 그분은 집 앞까지 나와서 손을 흔들고 밝게 웃으며 우리를 배웅해 주셨습니다.

참으로 안타까운 일들이 우리 주변에 있음에도 모두가 살아가는 일에 바빠서 이웃을 돌아보지 못하는 것 같습니다. 어느 가정도 완벽하지 않고, 각자의 문제를 안고 살아간다는 것을 우리는 기억해야 합니다. 그럼에도 불구하고 집사님은 남편을 사랑으로 돌보며 눈물로 기도하는 아름다운 믿음을 갖고 계셨습니다.

노스캐롤라이나 조그만 도시의 어떤 교회에서 간증과 전도 강의를 하게 되었습니다. 모두 경청하면서 자신들도 전도를 하고 싶은 마음이 솟아오르는 듯 열중해서 듣는 모습이 아름다웠습니다. 아침 9시부터 저녁 7시까지 꼬박 간증과 전도 강의를 하느라 정말로 육신은 피곤했지만 얼마나 보람이 있었던지 정말 기쁘고 행복했습니다.

전날 전도 강의를 했기에 이번에는 전도 현장으로 나가 전도하자고 모였는데 6명이 나오셨습니다. 그중에 한 분은 전도보다는 우리 부부를 한 번이라도 더 만나고 싶어서 나왔다고 솔직하게 말씀하셨습니다. 그분은 우리가 2002년에 전도 사역을 위해 떠나기 전에 마켓 앞에서 전도할 때 술병을 들고 비틀거리며 하나님이 어디 계시냐고 빈정거렸던 분이셨습니다. 당시 수없이 많은 날 기도하며 그분에게 접근했지만 번번이 실패하고 전도하지 못해 안타까웠습니다. 그 후 우리는 전도의 길을 떠났기 때문에 소식을 알길이 없었는데 이곳에서 만난 것입니다.

그분은 그동안 못된 짓만 하고 막일을 하면서 살다가 전기 공사 일로 이곳까지 오시게 되었습니다. 여기서 새 삶을 시작하며 남매를 둔 여자와 결혼을 했는데, 그만 그 아내가 아들이 감옥에 있는 것을 속이고 결혼을 했습니다. 이 사실을 안 후에 분하고 속이 상해 끊었던 술을 다시 마시며 괴로워할 때 목사님을 만나셨습니다. 목사님의 관심과 사랑으로 교회에 나오게 되었고, 이제는 마음잡고 밤에 청소 일을 하며 살고 있는데 어제 우리 부부의 간증을 듣게 되었다는 것입니다. 은혜를 받고 회개하는 심령이 되어 뼈아픈 눈물을 흘리며 자신의 과거를 돌아보셨답니다. 자신에게 닥치는 여러 가지 문제들은 모두 자기 잘못 때문인데 자꾸만 하나님을 원망하고 다른 사람들만 탓한 것을 회개한다고 하셨습니다.

그분은 그동안 자존감을 상실하고 다른 사람들 앞에 나서기 싫어 숨어 사는 것이나 다름없는 생활을 하고 있었습니다. 격려와 위로가 필요했고, 진실한 사랑이 절실했습니다. 하나님은 회개한 사람의 지난날의 잘못을 탓하지 않으시고 현재 어떠한 사람으로 살고 있는가를 보시는 분입니다. 하나님은 오히려 지난날의 잘못된 행위를 통해 회개한 심령을 들어 영광을 받으시는 분입니다. "나 곧 나는 나를 위하여 네 허물을 도말하는 자니 네 죄를 기억하지 아니하리라"(사 43:25)라고 말씀하십니다.

말씀과 기도 생활을 열심히 하며 용기를 잃지 않고 새로운 삶을 살 때 그것이 간증이 되어 같은 처지에 있는 사람들에게 힘이 된다고 하니 마음의 문을 더 여셨습니다. 심령이 낮아질 대로 낮아지니 어떠한 말이라도 순수하게 받아들이셨으며, 하나님이 기뻐하시는 삶을 살겠다는 다짐을 하셨습니다.

그분은 아버지가 엄하고 무서워서 말 한마디면 무조건 순종해야 하기에 오히려 반항하고 못된 길로 가서 불효를 했습니다. 이제라도 올바른 신앙생활을 하고 있는 자신을 부모님께 보여 드리고 효도하고 싶다며 눈물을 쏟으셨습니다. 그리고 우리가 미국 어디에서 사역을 하든지 또다시 만나고 싶고, 자신이 성장하고 변한 모습을 꼭 보여 주고 싶다고 결심하셨습니다. 그 모습을 보며 우리 부부는 하나님께 감사했습니다. "고난당한 것이 내게 유익이라"(시 119:71)라는 시편 기자의 고백이 떠올랐습니다.

선교지로 부르는 힘

우리가 LA에서 사역을 하고 있을 때 플로리다에 있는 병원의 응급실 의사인 작은아들과 며느리가 휴가를 내고 왔습니다. 멕시코에 의료 선교를 하러 가기 위해서였습니다. 불과 3주 전에 아들과 며느리는 첫 아기가 유산되어 실의에 빠져 식욕을 잃고 눈물로 지냈습니다. 하지만 계획된 선교 일정에 차질이 없기를 원했기에 LA에 온 것이었습니다. 제 가슴에 파묻혀 눈물을 흘리는 며느리가 안쓰러워서 견딜 수가 없었습니다. 오랫동안 안아 주고 등을 쓸어 주었습니다.

이런 상황에 아들과 며느리는 우리가 전도할 때 타고 다니는 작은 차 혼다 시빅이 위험하다고 이번에는 꼭 바꿔야 한다며 막무가내로 사러 가자고 했습니다. 교통사고로 중상을 입고 병원 응급실에 실려 오는 사람들의 대부분이 작은 차를 타고 다닌다면서 간절한 말로 우리를 설득했습니다.

그 차는 사역 초기에 RV를 타고 전도 현장에 갔을 때 주차 때문에 고생하는 모습을 본 전도 대상자가 선물해 준 차이기에 쉽게 바꿀 수가 없었습니다. 중고차라 몇 년을 타다 보니 거의 망가졌지만 하나님이 첫 번째로 공급해 주신 차라 더 타고 싶었습니다. 그러나 아들 부부는 더 이상 부모님이 위험하게 작은 차를 타고 다니는 모습을 보고만 있을 수 없다고 했습니다. 의사로서 버는 수입을 불쌍한 자들을 위해서도 쓰지만 가족들을 위해서도 써야 한다며 떼를 썼습니다. 몇 달 후에 사역하러 플로리다에 가면 그때 사겠다고 해도 막무가내였습니다.

결국 아들 부부는 결심대로 멕시코 선교를 떠나기 전에 제법 크고 새 차 같은 2년 된 중고차를 사 주었습니다. 부모를 위해 효도한다는데 지나치게 거부하는 것도 부모 된 도리가 아닌 것 같아 받긴 받았지만, 아들과 며느리의 깊은 배려에 마음이 찡했습니다. 자식으로 인해 마음고생하는 부모들도 많은데, 하나님이 기뻐하시는 일에 충성하며 물질과 시간을 드리는 아들 부부의 삶이 얼마나 감사한지 모릅니다. 또한 주 안에서 형제간에 서로 사랑하고, 도우며, 풍요로운 삶을 살고 있는 것도 감사했습니다.

성경은 "내가 어려서부터 늙기까지 의인이 버림을 당하거나 그의 자손이 걸식함을 보지 못하였도다"(시 37:25)라고 말합니다. 부모가 삶의 우선순위를 정하고 하나님이 기뻐하시는 삶을 살 때 자녀들은 부모의 뒷모습을 보고 그대로 따라 살아간다고 생각합니다. 행동이 따르지 않는 생활 태도로는 자녀들의 생각과 행동을 바꿀 수 없습니다.

아들 부부는 우리에게 튼튼한 차를 사 주고 나서, 혼다 시빅을 타고 멕시코 선교를 떠났습니다. 하나님의 사람의 손길을 통해 공급된 차를 마지막으로 선교지에서 사용하고 싶다며 밝은 얼굴로 떠나는 아들을 보면서 하나님도 기뻐하시리라 생각했습니다.

침낭 2개를 차에 싣고 떠난 아들과 며느리는 일주일 후 돌아와서 선교지에서 있었던 일들을 이야기하면서 너무 마음 아파했습니다. 그곳의 가난하고 열악한 환경으로 인한 질병 때문에 고통스러워하는 사람들을 생각하면 우리가 잘 먹고 사는 것도 미안하다고 했습니다. 그곳에 의료 선교를 하러 온 의사들은 대부분 나이가 많은데 자기 부부만 젊어 관심의 대상이 되었다면서, 의료 선교는 누구에게도 양보할 수 없는 귀한 일이라고 고백했습니다.

마침 선교지에 온 UCLA 대학생들과 많은 대화를 나누었는데, 그들이 의학 공부를 하고 싶다는 도전을 받았다고 합니다. 그 학생들이 3개월 후 다시 선교를 올 예정인데 그때도 만났으면 좋겠다고 해서 LA에 있는 친구 의사들에게 부탁해 보고 어렵다고 하면 자신이 다시 오겠다는 약속을 하고 왔답니다.

'어떤 힘이 아들의 마음을 사로잡아 선교지로 부르는 것일까?'

곰곰이 생각해 보았습니다. 아들은 레지던트를 할 때 "밤샘을 해야 하는 힘든 공부이지만 저도 부모님처럼 하나님의 나라를 위해 더 열심히 공부하겠습니다"라는 말을 종종 하곤 했습니다.

아들은 자신이 버는 돈은 자신을 위해서만 아니라 세상에 버림받고 어려움에 처한 이들을 위해서도 쓰겠다는 기특한 말을 자주 했습니다. 그리고 자신의 미래를 위해 준비하고 계시는 하나님의 계획을 알고자 늘 기도하고, 좋은 일을 실천하고자 노력하며 하나님께 영광 드리고 싶다는 고백도 했습니다. 성실하고 정직하게 살아가도록 아들의 마음을 주장해 주시는 하나님께 감사할 뿐입니다.

아들은 아이티에 지진이 나기 전부터 의료 선교를 했는데, 10년이 넘도록 같은 지역에서 1년에 몇 차례씩 사역을 감당해 왔습니다. 얼마 후 아들로부터 또다시 일주일간 휴가를 내 동료 의사와 목사님과 함께 아이티에 간다고 기도해 달라는 부탁의 전화가 왔습니다.

2008년부터 아이티에 여러 번 방문해 의료 선교를 하면서 그곳의 안타까운 현실을 보고 아들이 결심한 것이 있었습니다. 산모가 세쌍둥이를 분만했는데 태어난 지 얼마 안 되어 모두 죽은 사건을 목격하고 마음에 분노 같은 것이 일어났다고 했습니다. 그래서 죽어 가는 아이를 붙들고 기도하시는 목사님께 "목사님! 기도 그만하세요. 이 아기에게 당장 필요한 것은 우유이지 기도가 아닙니다"라고 말했답니다.

아이티에서는 잘 먹지 못해 영양실조로 죽는 경우도 많고, 임산부들이 병원에 한 번도 가 보지 못한 채 집에서 아이를 낳다가 죽기도 했습니다. 그들이 살고 있는 고산 지대에서 얼마 멀지 않은 곳에 선교사들이 운영하는 병원이 있는데 그 사실조차 모르고 있었습니다. 고산 지대라지만 그리 높지는 않아서 걸어서 올라갈 수 있는데, 어떤 때는 방향을 알 수 없어 길을 잃어버리기도 한다고 했습니다. 어떤 방법으로든 그들이 의료 혜택을 받을 수 있도록 정부 차원에서 돕는 일을 추진하려고 떠나는 것이었습니다. 간단한 의료기로 진단하고 도와줄 수 있도록 그곳에 있는 미국인 의료 선교사들과 회의를 해 좀 더 좋은 방법으로 의료 선교를 시도해 보고자 했습니다.

선교지에서 돌아온 아들은 사진들을 보여 주며 "앞으로 그곳에서 제가 해야 할 일을 찾았어요. 그 일을 계속해서 할래요"라고 말했습니다. 선교사들과의 회의는 고무적이었고, 서로 협력하자고 해서 매우 감사하다고 했습니다.

열악한 환경에서 의료 혜택도 받지 못하고 살아가는 그들에게 필요한 약을 주고 치료를 해 주면 금방 좋아지는 모습을 볼 수 있었지만, 선교지에서 돌아오면 계속 도울 수 없었기에 정말 안타까워했습니다. 비록 자신의 아기는 유신되어 잃었지만, 세쌍둥이가 모두 죽은 사건을 겪은 후 결심했던 것입니다.

초음파검사기가 없어서 태아가 자궁 속에서 거꾸로 있는 것도 모르고 있다가 죽는 경우도 있었습니다. 아들은 너무 가슴 아파하며 중국에서 의료 기기를 수입해 선교지로 가져가곤 했습니다. 그리고 선교지의 의사들을 교육시켜 태아와 출생한 아기들의 생명을 구하고, 그 아이들이 건강하게 자라서 하나님의 자녀로 변화되기를 소원하며 기도했습니다.

아들은 아이티에서의 사역이 성공하면 다른 나라에서도 와서 도와 달라고 요청할 것이라며, 2개월에 한 번씩 그 지역에 가기로 계획을 세웠습니다. 지금은 자비로 시작하지만 앞으로 후원자들이 함께 한다면 하나님이 기뻐하실 것이라며 기도를 많이 하겠다고 했습니다. 아들은 선교지에 있는 산모들의 태아가 잘 자라고 있는지, 잘못되었는지를 관찰하고 상태에 따라 치료할 수 있도록 돕는 것이 생명을 살릴 수 있는 방법이라고 힘주어 말했습니다. 하나님이 생명을 주셨는데 의료 혜택을 받지 못해 이 땅에 태어나 얼마 살지 못하고 죽는 것은 인간의 잘못이기에 막아야 한다고 했습니다.

아들은 "부모님은 어른들에게 천국으로 가는 길을 알려 주어 영생을 얻게 하는 사역을 하시지만, 저는 태어난 어린 생명들을 살리는 일에 쓰임 받고 싶어요"라고 말했습니다. 아들의 마음 가운데 주님의 마음을 주셔서 불쌍한 자들을 돌보는 사역을 하게 하신 하나님께 감사와 찬양을 올려 드립니다.

약함을 자랑하며

델라웨어에 있는 윌밍톤장로교회에서 간증을 하고 곧바로 뉴저지의 베다니연합감리교회를 가기 위해 아침 일찍부터 서둘렀습니다. 그런데 왠지 어지럽고 토할 것처럼 속이 울렁거리고 괴로웠습니다. 혹시 먹은 것이 체했나 싶어 소화제를 먹었지만 차도가 없었습니다.

교회에 도착한 후 간증 시간이 다 되었는데 도저히 일어설 수가 없었습니다. 얼른 옷깃에 달려 있는 브로치의 뾰족한 부분으로 엄지손톱 위를 찔러 피를 내 응급 처치를 했습니다. 어지럼증이 조금 가라앉은 듯해 간증을 했고, 겨우 마쳤습니다. 목사님과 교인들은 정말 은혜로웠고 도전이 되어 앞으로 전도하는 삶을 살겠다고 고백하셨습니다. 아무리 어렵고, 힘들고, 괴로워도 우리가 감당해야 할 사역임을 다시 한 번 느꼈습니다.

월요일부터 4박 5일 동안 진행되는 전도훈련 기간 동안 무엇이라 말할 수 없는 어지럼증이 계속되어 맡겨진 일들을 감당할 수 없을 만큼 괴로웠습니다. 오후에 간증하는 시간이 있었는데 너무 어지러워서 아침에 그 교회의 내과 의사이신 김 장로님이 계신 병원을 방문했습니다. 귀가 원인이 아니면 뇌에서 비롯한 증세라면서 우선 귀 검사부터 해 보라고 하셨습니다. 다시 교회로 돌아와서 간증 시간이 되어서 강단에 섰는데, 어디서 나온 힘인지 모르게 성령 충만함이 솟구쳐서 하나님이 지금까지 역사하신 일들을 잘 증거할 수 있었습니다. "우리가 이 보배를 질그릇에 가졌으니 이는 심히 큰 능력은 하나님께 있고 우리에게 있지 아니함을 알게"(고후 4:7) 되었습니다.

평신도의 전도 간증을 들으신 목사님들과 성도님들 각자에게 하나님이 하신 말씀이 있었을 것이라는 생각이 들었습니다. 분위기가 무척 숙연했고, 간증하는 동안 여기저기에서 눈물을 흘리시는 분들이 보였습니다. 이번 훈련의 분위기는 무척 진지했습니다. 하나님이 가장 기뻐하시는 전도를 훈련하는 일에 모두 열심히 임하시는 모습을 보며 감사했습니다.

하지만 저는 임상훈련 기간 내내 멀쩡해 보이는 사람이 걸음도 똑바로 걷지 못하고 힘이 없어 느리게 걷고 바보짓을 하는 것이 괴로웠습니다. 다행히도 교회에 이비인후과 의사 선생님과 MRI를 찍는 병원의 병원장님도 계셔서 나른 절차 없이 신속하게 진찰을 받았고 귀와 뇌의 MRI도 찍었습니다.

두 분 모두 매우 친절하게 대해 주셨습니다. 게다가 고가의 MRI 비용을 하나님께 헌금한 것으로 하겠다고 하셨습니다. 아내 권사님이 하나님의 일을 하는 사역자들에게는 동역하는 마음으로 절대로 검사비를 받으면 안 된다고 몇 번이나 당부하셨답니다. 아내의 신앙을 인정하기에 따르기로 했다는 것입니다. 아내는 열심히 신앙생활을 하는데 자기는 너무 바빠서 예배에 참석도 잘 못하는 집사라면서, 겸손한 미소로 건강 조심하라고 위로해 주셨습니다.

며칠 후 결과가 나왔는데, 바이러스로 인한 증상이었습니다. 처방해 준 약을 먹었지만 별로 도움이 되지 않았고, 계속 어지럼증에 시달려야 했습니다. 바이러스는 몸속에 들어와서 작용하면 여러 가지 증세를 일으켜 순식간에 무력해지는 인간의 연약함을 나타내고 무너뜨리는 악한 세균입니다. 이 일을 통해 한 가지 깨달은 사실이 있습니다. '만일 내 영혼에 바이러스 같은 악한 영이 들어온다면 얼마나 끔찍한 일인가?'라는 것이었습니다. 물론 예수님의 보혈의 능력으로 악한 세력이 쫓겨나가겠지만, 영적 전쟁을 해야 하기에 그동안 얼마나 시달리며 괴로운 나날을 지낼까 생각하니 아찔했습니다.

우리 부부는 그동안 1년에 두 번씩 대륙 횡단을 하면서 하나님의 능력을 따라 그리스도 예수의 좋은 군사로 자기 생활에 얽매이지 않고 오직 복음만을 위해 힘썼습니다. 어느 곳에서나 많은 역사가 있었습니다. 따라서 우리는 복음 전하는 자로서 교만하지 않도록 항상 주의했습니다. 이번 일이 하나님의 경고가 아닌가 생각했으며, 혹은 전도 사역을 방해하려고 어지럼증으로 공격해 온 악한 영이라는 생각도 들었습니다. 어지럼증뿐만 아니라 오른쪽 귀에서 계속 사이렌 같은 잡음이 들려서 정신까지 혼란해 괴로움이 이만저만이 아니었습니다.

사도 바울은 육체의 가시 때문에 평생을 고생하면서도 자신의 약함을 자랑하며 순교하기까지 복음을 전했습니다. 그러면서 그는 "내가 약한 그때에 강함이라"(고후 12:10)라고 고백했습니다. 바울이 주님을 더욱 의지하기 때문에 강하다고 역설한 것같이 저 역시 잠시 육체의 연약함 때문에 휘청거릴지언정 주님께 더욱 가까이 감으로 담대해졌으며 두렵지도 않았습니다.

당장 괴로운 것일 뿐 곧 정상으로 돌아올 것이라 믿으며, 또 그렇지 않을지라도 기쁨을 잃지 않고 주님 다시 오실 때까지 이 길을 가리라는 찬양을 불렀습니다.

여호와는 나의 반석

하나님이 맡기신 복음 전하는 일은 어떠한 경우에도 지체할 수 없고 쉴 수 없기에 우리는 또다시 RV의 운전대를 잡고 복음의 현장을 향해 달렸습니다.

2002년 복음을 전하고자 자비량으로 떠날 때 중고 RV를 구입해 매일 사용했습니다. 수년이 지나자 조금씩 고장이 나기 시작했습니다. 타이어 바람이 빠져서 위험한 적도 여러 번 있었고, 달려가는데 갑자기 창고 문짝이 떨어져서 안에 있는 신발과 물건들이 흩어지기도 했습니다. RV 안의 냉장고 문이 흔들거렸는데, 어느 날 차의 반동에 의해 내려앉아서 안에 있는 음식물들이 쏟아져 내린 적도 있습니다. 그래도 튼튼한 테이프로 붙이고 다녔습니다. 우리 복음 사역의 한 멤버가 되어 수고한 RV의 수명이 다해 가는 것이 안타까웠지만, 그래도 멈추지 않고 달려 주는 RV가 정말 고마웠습니다.

또다시 메릴랜드에서 복음을 전하기 위해 남쪽을 향해 내려와서 지구촌교회에 RV를 주차했습니다. 동역자인 김 집사님을 만나 식사를 하고 돌아와 보니 RV와 뒤에 달린 작은 차의 타이어 바람이 빠져서 둘 다 주저앉아 있었습니다.

더운 날 뜨거운 아스팔트 위를 달려 목적지까지 우리를 잘 데려다 주고서 퍼져 버린 타이어를 보면서 감사했습니다. 만일 프리웨이에서 타이어 바람이 둘 다 빠졌다면 얼마나 위험했을지 생각만 해도 아찔했습니다. 달리는 RV와 작은 차가 기울어져 어쩌면 대형 사고가 났을지도 모르는데 용케도 참아 준 것이 고마웠습니다. 하나님이 그 상황에 함께하셨고 붙들어 주셨기 때문이라고 믿을 수밖에 없었습니다. "여호와는 나의 반석이시요 나의 요새시요 나를 건지시는 이시요 나의 하나님이시요 내가 그 안에 피할 나의 바위시요 나의 방패시요 나의 구원의 뿔이시요 나의 산성이시로다"(시 18:2)라고 고백했습니다.

여전히 어지럽고 중심이 잡히지 않아 발걸음이 휘청거렸지만, 주일이 되어 교회에 갔습니다. 우리의 사역을 위해 선교비를 보내 주는 교회였습니다. 예배를 드리는 중에 하나님의 임재를 느끼면서 감사의 찬양을 올려 드렸습니다. 그런데 크게 찬양하는 소리에 귀가 울리고 아파서 얼른 휴지를 돌돌 말아서 귀를 막았습니다.

예배가 끝난 후 모두 반갑게 인사하면서 누구도 할 수 없는 사역을 하고 있다고 위로해 주셨습니다. 그러면서 아무래도 몸이 힘들어 귀에 무리가 온 것 같다고 하셨습니다. 귀 안에 있는 달팽이관의 이상으로 어지러운 것은 영양 부족 때문이라고 많은 분이 말씀하셨습니다. 다른 교회에서 모임이 있어서 인사를 하고 나오려는데 홍 목사님이 맛있는 영양식을 사서 먹으라며 봉투를 주셨습니다. 사랑이 많으신 목사님의 마음이 담긴 것이기에 사양도 못하고 감사한 마음으로 받았습니다.

저는 어지럼증 때문에 도저히 다닐 수가 없어서 좀 쉬기로 했습니다. 그사이 남편은 잘 할 줄 모르는 컴퓨터를 배우려고 길거리에 '컴퓨터 수리하는 집'이라고 적힌 간판을 보고 들어갔습니다. 남편은 2002년에 사역을 위해 떠나면서 배우지 않아 사용할 줄 모르는 컴퓨터를 책을 보고 귀동냥을 하면서 배워 가는 과정이었는데, 모르는 내용이 많아 가게 주인에게 질문을 했습니다. 그런데 가게 주인은 "나도 시간과 돈을 주고 배운 것이니 그냥 가르쳐 줄 수 없소. 책을 사서 보시오" 하셨습니다. 남편이 책을 봐도 잘 몰라 좀 물어보려 한다고 했더니 "책 한 권 가지고 되겠소? 나도 몇 권을 사서 보고 배운 것이오" 하며 가르쳐 주시지 않았습니다.

하는 수 없이 그 가게를 나와서 조금 걸어가니 다른 가게가 있어서 들어갔습니다. 그 가게 주인은 아주 친절하셨습니다. 이틀간 몇 시간씩이나 얼마나 잘 가르쳐 주시는지 정말 고마워서 사례비

를 드렸더니 질색을 하며 받으시지 않았습니다. 게다가 모르는 것
이 있으면 또 오라고 하셨습니다. 대화를 하면서 신앙생활을 하지
않고 있다는 것을 알게 되어 복음을 전했는데 순수하게 잘 받아들
이셨습니다. 예수님을 구주와 주님으로 거부감 없이 영접하셔서
기쁘고 감사했습니다. 집에서 가까운 교회에 나갈 것을 권했더니
다음 주일에 가겠다는 약속을 하셔서 하나님께 영광을 드리며 함
께 기쁨으로 기도를 드렸습니다.

하나님은 때때로 어려움을 만날 때 보고만 계시는 것 같지만,
그 일을 통해 더 좋은 것을 얻게 하시는 분임을 경험했습니다. 하
나님은 선한 마음과 생각으로 행하는 사람에게 복으로 갚아 주십
니다. 인생의 길에는 수많은 선택의 기로가 놓여 있는데, 그때마다
얻는 결과는 복과 저주, 두 가지 중에 하나입니다. 주님의 결정을
따르는 선택과 나의 결정을 따르는 선택에 따라 결과가 복과 저주
로 확연하게 구별되는 것입니다. 마음이 고집스럽고 이기심으로
가득 차서 다른 사람을 이해하거나 돕지 않는 강퍅한 사람은 분명
하나님을 두려워할 줄 모르는 사람이라는 생각이 들었습니다.

몇 주 전에 간증을 부탁한 교회에서, 비록 어지러운 상태일지라
도 하나님께 영광이 된다면 간증을 하기로 했습니다. 강대상에 올
라갈 때와 내려올 때는 남편의 부축을 받아야 했고, 간증을 할 때
는 강대상을 꼭 붙들고 했는데 말이 어눌해서 힘들었습니다. 그러

나 우리는 다시 올 수 없는 시간 속에 살고 있기에 살아 계신 하나님을 증거해야 한다는 사명감이 불타올랐습니다.

다음 날 큰아들이 찾아왔습니다. 외지에서 아들을 만날 수 있도록 기회를 주신 하나님께 감사했습니다. 하룻밤을 RV에서 함께 지내면서 부모를 생각하는 아들의 사랑을 느낄 수 있었습니다. 헤어지는 날 공항에서 비행기를 타기 위해 들어가는 아들의 눈에서 눈물이 흐르는 모습을 보았는데, 가슴이 찡하고 뭉클했습니다. 어지러워 비틀거리는 엄마가 안쓰러워서 그만하고 쉬시라고 말하고 싶었는데, "복음을 위해서는 고난이 두렵지 않다"고 말하는 부모를 말릴 수 없었기 때문에 그만 울어 버린 것입니다.

아들의 눈물 속에서 우리 부부를 위로하며 흘리신 예수님의 눈물이 느껴졌습니다. 오늘도 예수님을 모른 채 살아가는 불쌍한 많은 영혼을 위해 비록 고통스럽지만 쉬지 않고 복음을 전하러 달려가는 발걸음 위에 함께하며 도와주겠노라고 위로하시는 주님의 음성이 들리는 듯했습니다.

"내가 세상 끝 날까지 너희와 항상 함께 있으리라"(마 28:20).

5장 막을 수 없는 복음의 길

-

어떠한
고난이 와도

-

차창이 깨지고

☁

사역을 위해 동부로 떠나려고 준비하고 있었습니다. 여러 가지 일로 분주히 다니다가 RV에 돌아와 보니 누가 그랬는지 뒤 유리창이 깨져 있었습니다. RV를 세워 놓고 잘 곳이 마땅하지 않아서 조금 넓은 골목길에 세워 놓았는데 그만 떠나기 전날 유리창이 깨진 것입니다. 그 일로 떠나려는 계획이 지체되었습니다.

그런데 우리가 복음을 전하는 전도인인 것을 알고 있던 아들네 옆집에 사는 사람의 언니가 타 주에서 왔는데 그분에게 복음을 전해 달라는 부탁을 받게 되었습니다. 우리가 다시 LA로 오려면 1년 이상 걸릴지 모르기 때문에 아무리 바빠도 복음 전파를 미룰 수가 없었습니다. 그분을 아들 집으로 모셔서 복음을 전했습니다.

그분은 지금까지 신앙생활을 했지만 구원의 확신도 없고 평안이 없었는데 이렇게 쉽게 설명해 주니 예수님이 누구이신지 깨닫게 되어 기쁘다고 하셨습니다. 예수님을 영접하고 하나님의 자녀로 거듭나 정말 감사하다고도 말씀하셨습니다. 또한 지금까지 진리의 말씀을 올바로 알려 주고 기도해 준 사람이 없었다며, 자기 같은 사람이 주위에 많으니 자신이 사는 지역에도 꼭 방문해 달라고 부탁하셨습니다. 예수님을 영접한 분들에게 선물하는 성경에 이름을 써서 드리니까 보물을 얻은 듯 가슴에 품고 감격해 어쩔 줄을 몰라 하셨습니다. 비록 유리창은 깨졌지만 우리의 발걸음을 묶어 놓고 한 생명을 구하신 하나님께 감사를 드렸습니다.

또한 우리가 떠나기 바로 전날에도 하나님은 우리 부부를 통해 일하셨습니다. 며느리 친구 부부가 미국에 여행을 왔다가 한국으로 떠나는 날 공항으로 가기 전 시간이 조금 남았다고 잠시 방문했습니다. 불신자인 그 부부에게 급하고 안타까운 마음으로 복음을 전하고 있는데 잘 아는 권사님이 갑자기 전화를 하셨습니다. 교회를 다니지 않는 남편이 지금 집에 들어왔다면서 오늘이 복음 전할 좋은 기회이니 빨리 와 달라는 것이었습니다. 남편의 구원을 놓고 간절히 기도해 오신 권사님의 마음을 알기에 기회를 놓칠 수가 없어 며느리 친구 부부에게 양해를 구하고 급하게 그분 댁으로 달려갔습니다.

권사님의 남편분은 미국에 오셔서 자수성가해 자존심이 강하고, 고집도 세고, 모든 것을 자기주장대로 움직이는 독불장군이라고 했습니다. 그 누구도 남편 앞에서는 말을 이어 갈 수 없을 정도라고 했습니다. 우리 부부는 그분의 경우 차근차근 복음을 전하기보다는 좀 더 강하게 나가야 할 것 같아서 기도하는 마음으로 천국과 지옥에 대해서 전했습니다. "예수 믿지 않는 모든 사람은 지옥을 가지만 하나님의 자녀만은 천국에 가서 영원히 사는 복을 받게 됩니다. 하나님의 자녀가 되려면 죄를 용서받아야 합니다. 십자가에서 돌아가신 예수님의 보혈로만 죄를 씻을 수 있고 용서받을 수 있습니다."

그런데 놀랍게도, 우리가 복음을 간단하게 전했을 뿐인데 그분이 양손을 비비며 다급한 음성으로 "그러면 어떻게 해야 됩니까?" 하시는 것이었습니다. 하나님께 기도로 고백하면 하나님이 우리의 기도를 들으신다고 말하자, 기도할 줄 모르는데 어떻게 하면 되느냐고 다급하게 되물으셨습니다. "네가 만일 네 입으로 예수를 주로 시인하며 또 하나님께서 그를 죽은 자 가운데서 살리신 것을 네 마음에 믿으면 구원을 받으리라 사람이 마음으로 믿어 의에 이르고 입으로 시인하여 구원에 이르느니라"라는 로마서 10장 9-10절을 읽어 드렸습니다. 그리고 자의에 의해 진심으로 구원받고 영생을 받기 원하시는지를 확인했더니 하나님의 자녀로 살고 싶다고 고백하셨습니다.

그 시간 성령님이 완악하고 고집이 센 그분의 마음을 낮추시고, 자신의 입술로 죄인임을 고백하게 하시고, 예수님을 구주와 주님으로 영접하는 복을 주셨습니다. 마치 어린아이같이 떨리는 음성으로 가슴을 치며 고백할 때 큰 감동이 있었습니다. 오랫동안 남편의 구원을 위해 간절하게 기도해 오신 권사님은 눈물을 흘리며 남편을 뜨겁게 포옹하고 기뻐하며 이제 죽어도 한이 없다고 하셨습니다.

"진실로 진실로 너희에게 이르노니 믿는 자는 영생을 가졌나니"(요 6:47).

이 세상에서 영생의 복은 미루지 말고 분초를 다투어 받아야 하는 복입니다. 영생의 복을 받으면 죽어서 천국에 가는 것은 물론이요, 이 땅에서 사는 날 동안에 하나님의 자녀로서 하나님이 눈동자같이 지켜 보호해 주시며 풍성한 복을 받고 살게 되는 것입니다.

부족한 우리 부부를 영혼을 구원하는 일에 사용해 주신 하나님께 감사하는 마음으로 충만해 허둥지둥 아들 집으로 돌아오니 밤 9시가 되었습니다. 며느리 친구 부부는 공항으로 나가려고 준비하고 있었습니다. 시간이 없어 그들에게 확실하게 복음을 전하지 못한 것이 안타까웠습니다. 짧은 시간이지만 왜 신앙생활을 해야 하며, 왜 예수님을 영접해 하나님의 자녀로 살아가는 것이 중요한지를 전했습니다. 세상의 가치관을 갖고 살아가면 이 땅에서는 잘 살 수 있을는지 모르지만 예수님을 믿지 않고 이 땅을 떠난다면 천국에 가지 못하는 불행이 있다고 전했습니다. 그리고 한국에 가면 가까운 교회를 찾아가서 신앙생활을 하라고 권면했습니다. 그 부부는 겸손하게 받아들이며 마음 깊이 생각하고 노력해 보겠노라고 다짐했습니다.

하나님은 RV의 유리창이 깨지는 일을 허락하심으로 구원받아야 할 준비된 영혼들을 만나게 하셨습니다. 하나님이 그들을 하나님의 자녀로 태어나게 하는 도구로 우리를 사용해 주심이 얼마나 감사했는지 모릅니다. 바울처럼 우리도 "나를 능하게 하신 그리스도 예수 우리 주께 내가 감사함은 나를 충성되이 여겨 내게 직분을 맡기심이니"(딤전 1:12)라고 고백합니다.

새 차로 바꾸어 주신 하나님

2006년 6월 중순, 그동안 복음이 필요한 곳마다 열심히 달려 준 RV가 기어코 큰 고장이 나서 너무 마음이 아팠습니다. 물탱크가 터졌는지 RV 안이 물바다가 되었습니다. 침대 밑에 넣어 둔 옷들과 물건들이 모두 젖어 버려서 수건을 다 꺼내 닦았지만 감당이 안 되었습니다. 날씨가 더운 데다 비까지 쏟아졌습니다. 바닥에 깐 카펫을 말리기 위해 가스난로를 켜 놓았는데 곰팡이 냄새가 진동했습니다.

다행히 남편이 전에 집을 수리하던 실력을 발휘해 부속품을 사 와서 물이 터져 새고 있는 부분을 찾아 고쳤습니다. 하지만 RV 안이 수라장이 되어 도저히 잠을 잘 수가 없는 형편이었습니다. 마침 주차한 장소가 복음의 동역자인 김 집사님 댁 앞이었기에, 안으로 들어가 좋은 침대에서 하룻밤을 보냈습니다. '왜 자꾸만 몸도 고장나고 RV도 고장이 나는 것일까?' 고민하며 하나님께 무릎을 꿇었습니다.

밤 11시가 넘었는데 필라델피아에 계시는 복음의 동역자인 백 집사님이 별일 없느냐고 안부 전화를 주셨습니다. 괜찮다고 말씀 드렸더니 이상하다고 하셨습니다. 교회에서 금요 철야기도회를 하고 있는데 하나님이 우리에게 전화를 해야 한다는 부담을 주셨답니다. 밤 11시가 넘었으므로 너무 늦어 내일 전화하려 했으나 하나님이 자꾸 부담을 주셔서 무슨 일이 있나 싶어 그 밤에 전화를 하셨다는 것입니다. "집사님! 진짜 별일 없으세요?"라는 질문에 저는 "네, 별일은 없지만… RV에 그만 물이 터져서…" 하고 이야기했습니다. 그러자 백 집사님은 "그게 별일이지요. 그래서 성령님이 자꾸만 집사님께 전화를 하도록 부담감을 주셨군요. 수리비는 제가 내일 아침에 보내 드리겠습니다"라고 말씀하셨습니다.

시간과 공간을 초월해 역사하시는 하나님이 우리의 다급한 사정을 아시고 기도하는 하나님의 사람 백 집사님께 성령의 감동을 주셨던 것입니다. 주께서 환상 중에 아나니아를 불러 사울을 도와주게 하신 것처럼, 그리고 고넬료에게 환상 중에 욥바에 있는 베드로를 청하도록 하심같이 하나님은 기도하는 자를 도우셨습니다.

백 집사님은 몇 년 전부터 기도와 물질로 우리 부부를 돕는 복음의 동역자이시며, 우리가 쉬지 않고 사역을 하고 있음을 아시기에 차량을 빨리 수리하도록 물질을 보내 주겠다고 하셨습니다. 우리에게 사랑의 물질을 공급해 주신 후부터 집사님은 깊은 기도 가운데 영적으로 하나님의 말씀에 민감하게 되었으며 실천하는 삶을 살고 있다고 하셨습니다.

그런데 우리의 사역을 적극적으로 도와주시는 동역자인 김 집사님은 수리해서 될 문제가 아니라며, 이번 기회에 RV를 바꾸는 것이 좋겠다고 알아보라고 하셨습니다. 인디애나의 그린우드라는 도시에 RV를 만드는 큰 공장이 있는데 우리에게 적당한 가격으로 공급해 주겠다고 해서 김 집사님과 의논했더니 무조건 사라며 빨리 그곳에 가라고 재촉하셨습니다. 어지럼증이 좀처럼 가라앉지 않아 힘들었고 날씨가 몹시 더웠지만 서둘러 출발했습니다.

약 1,100km나 되는 거리를 이동해야 하기에 10시간을 달린 후 트럭들이 쉬는 곳에서 자고 또 달렸습니다. 그러다가 오하이오의 콜럼버스에서 폭우를 만났습니다. 앞이 보이지 않아서 잠시 쉬었을 뿐 계속 서쪽으로 이동했습니다. 높은 산의 내리막길이 매우 미끄러워 조심조심 운전해야 했습니다. RV가 고장날까 걱정했지만 그래도 계속 잘 달려 주었습니다. 우리 부부를 목적지까지 안전하게 데려다준 RV가 고맙고 감사해서 무생물이지만 정성껏 쓰다듬어 주었습니다.

우리가 앞으로 타고 다니며 복음을 전할 새 RV를 보니 정말 황송했습니다. 엔진이 훨씬 크고 튼튼하고, 길이도 약 1.5m 길고, 거실이 넓었습니다. 아주 좋은 RV를 하나님이 하나님의 사람을 통해 공급해 주신 것입니다.

"나의 하나님이 그리스도 예수 안에서 영광 가운데 그 풍성한 대로 너희 모든 쓸 것을 채우시리라"(빌 4:19).

하나님은 사랑의 빚 외에는 아무에게든지 아무 빚도 지지 말라 하셨는데(롬 13:8), 이 엄청난 사랑의 빚을 그 무엇으로 갚을 수 있을까요. 김 집사님은 주 안에서 한 형제요, 또한 신실한 일꾼이십니다. 복음의 동역자로 교회에서도 많은 칭찬을 받으실 뿐만 아니라 주님을 위해 살고 죽기를 결심한 사도 바울 같은 믿음의 사람이시기도 합니다. 하나님은 보이는 것은 잠깐이요 보이지 않는 것은 영원한 것임을 알고 계시는 김 집사님께 모든 은혜를 넘치게 하셨습니다. 모든 일에 항상 모든 것이 넉넉하여 모든 착한 일을 넘치게 하셨습니다(고후 9:8).

새 차와 헌 차를 엇갈려 놓고 문을 마주보도록 한 후 사이에 넓은 사다리 같은 것을 연결해 쉽게 짐을 운반할 수 있었습니다. 저는 약을 먹어도 어지럼증이 가라앉지 않았습니다. 땀을 뻘뻘 흘리면서 기쁨으로 짐을 나르는 남편을 보면서 도와주지도 못하고 옮길 장소만 말해 주니 얼마나 미안하던지 정말 안타까웠습니다. 2002년에는 RV에 복음을 싣고 무소유로 떠났습니다. '필요한 것만 갖고 살리라' 했는데도 그사이에 짐이 얼마나 많아졌는지요!

인간의 욕심은 어쩔 수 없다는 생각이 들었습니다.

남편 혼자 짐을 정리하느라 하루 만에 다 할 수 없어 이틀이나 걸렸습니다. 새 RV로의 이사를 마치고 나니 비가 엄청 쏟아졌습니다. 우리는 하나님이 날씨까지 주장하셔서 짐을 나를 때 힘들지 않도록 비를 막아 주셨다고 감사하며 찬송을 불렀습니다.

그런데 우리를 위해 몇 년 동안 수고해 준 중고 RV가 애처롭고 쓸쓸해 보였습니다. 그동안 얼마나 정들고 좋아했는데…. 그래도 이제 헤어져야 하기에 텅 빈 RV 안에 들어가 잠시 기도하면서 고마웠다고 인사를 했습니다. 중고 RV가 새롭게 단장한 후 새로운 주인을 만나서 여행 차로서 좋은 곳을 많이 다니고 쉬기도 하기를 바라는 마음이었습니다. 우리와 함께 복음 때문에 하루도 쉬지 않고 달려 준 RV를 그동안 너무 혹사시킨 것 같아서 마음이 짠하고 감사해서 눈물이 나왔습니다.

2002년에 그동안 살았던 집을 하나님의 나라를 위해 팔고 나올 때는 기뻐했는데, 중고 RV와 헤어지는 일은 왜 그렇게 섭섭하고 아쉬운지요! 수리하는 공장 안으로 들어가는 모습을 차마 볼 수 없어 돌아서서 울었습니다. 우리를 위해 최선을 다해 수고해 준 중고 RV를 생각하면서 우리도 우리를 위해 생명 주신 예수님을 위해 몸이 쇠잔할 때까지 최선을 다하자고 다짐했습니다.

허리케인 카트리나

2006년 5월 뉴올리언스와 빌락시에서 사역을 하게 되었습니다. 그곳은 지난해에 허리케인 카트리나로 큰 피해를 입었는데 거의 10개월이 되어 가는데도 복구되지 않고 있었습니다. 심지어 어떤 도시는 아무도 살지 못하는 폐허로 변해 있었습니다. 그 지역의 10번 프리웨이를 달리는데 아직까지 썩은 냄새가 진동했습니다. 90번 하이웨이의 다리는 허리케인으로 인해 마디마다 동강동강 잘라져서 비스듬히 누워 있었고 물에 아주 잠긴 부분도 보였습니다. 고층빌딩 카지노는 강한 허리케인으로 3층까지 파괴되어 모두 문을 닫은 상태였고, 골격만 남아 험상궂은 모습을 드러내고 있는 집들이 많았습니다. 천재지변은 인간의 힘으로 불가항력이라는 것을 눈으로 보게 되었습니다. 바닷물은 탁한 색깔로 넘실거렸고, 나무들은 밑동이 물에 잠겨서 제대로 자라지 못해 죽은 나무가 너무 많았습니다.

허리케인으로 인한 재해는 교회도 피해 가지 않았습니다. 교회가 침수되어 예배를 드릴 수 없을 만큼 망가졌습니다. 다행히 각 지역에서 후원금이 들어와서 어느 정도 수리는 했지만, 재해 이후 교인들이 많이 지치고 상처를 받아 마음이 강퍅해졌습니다. 그렇다 보니 서로 인사도 하지 않았고, 시기와 질투로 떠난 사람들이 많았습니다. 참으로 어려운 상황이었습니다.

오래전부터 갈등해 온 한 교회는 결국 두 파로 나뉘어 싸우다가 목사님이 떠나시고 다른 목사님이 오셨습니다. 그 지역을 방문한 우리는 문제의 주인공이신 장로님을 만나게 되었습니다. 그 장로님은 이제 교회를 다시 세우는 일에 열심을 다하며 나머지 삶을 드릴 것이라고 말씀하셨습니다.

지난번에 이 지역에서 사역할 때 들은 이야기가 있던 터라, 남편은 장로님께 따끔하게 권면의 말씀을 드렸습니다. "장로님이 다시 교회를 세우신다면 실패할 수 있습니다. 교회는 주님이 친히 세우시는 것입니다. 장로님은 목사님을 잘 섬기시고 실족한 영혼들을 주의 사랑으로 보살피셔야 합니다. 그때 비로소 주님이 기뻐하시는 교회가 될 것입니다. 장로님이 어떤 모양으로든 목사님의 마음을 괴롭게 해서 떠나게 하신 것이기에, 장로님이 어떻게 행동하시느냐에 따라 교회가 회복될지 아닐지가 결정될 것입니다. 가장 낮은 자리에서 목사님과 성도님들을 섬기는 장로님이 되시기를 기도하겠습니다."

감사하게도, 장로님은 남편의 심한 질책에도 죽을 죄인같이 아무 말도 못하고 겸손한 자세로 다 들으시며 눈시울을 적셨습니다. 성령님이 강하게 역사하신 증거였습니다. 사도 바울도 고린도교회에 분쟁이 있음을 듣고는 "깨어 믿음에 굳게 서서 남자답게 강건하라 너희 모든 일을 사랑으로 행하라"(고전 16:13-14)라고 편지로 권면한 바 있습니다.

당시 각 지역에서 헌신된 봉사자들이 모여들어 이 지역에 있는 한 미국 대형 교회에서 먹고 자면서 봉사를 하고 있었습니다. 집이 무너져서 주거지가 없는 사람들을 도와주기 위해서 자비량으로 집을 수리해 주고 무료로 진료해 주는 등 하나님의 사랑을 전하는 참된 경건을 실천하고 있었습니다.

가까운 곳도 아닌 타 주에서 밴과 승용차로, 또는 RV를 타고 와서 아름다운 사랑을 실천하는 발걸음들이 수없이 많았습니다. 많은 사람이 교회 바닥에 매트리스를 깔고 침낭에서 잠을 잤습니다. 더운 날씨에도 아랑곳하지 않고 땀 흘려 일하며 보람 있는 삶을 살고 있는 그들을 보면서 부끄러운 마음이 들었습니다. 남녀노소 모두가 함께 말없이 기쁨으로 봉사하는 그들에게 하나님이 복으로 갚아 주실 것이라 믿었습니다.

저녁이 되면 교회에 모여 식사를 담당한 봉사자들이 만들어 주는 저녁을 먹고 함께 모임을 가진 후 빈 자리 없이 깔아 놓은 잠자리에서 함께 잤습니다. 분명 그들은 좋은 환경에서 여유롭고 편안하게 사시는 분들일 텐데 기쁨으로 고생을 자처하시다니…. 하나님이 그들의 마음을 움직이신 것이 분명했습니다.

위스콘신에서 오신 한 백발의 할머니는 일할 수 있을 때 봉사하고 싶어서 비행기를 타고 혼자 오셨다고 했습니다. 한인으로서는 생각도 못할 일을 기쁨으로 돕고 계셨습니다. 나이가 들면 대접받으려 하고 편한 것만을 찾기 쉬운데, 나이와 상관없이 남을 돕는 일에 헌신하시는 모습이 정말 감동이었습니다.

지난해 여름 허리케인으로 재해가 발생했을 때 의료 봉사를 했던 작은아들과 며느리가 올해도 도와 달라는 요청을 받고 바쁜 가운데서도 휴가를 내고 와 있었습니다. 우리는 아침 일찍부터 치료를 받으러 오는 환자들을 바쁘게 진료하는 아들과 그 일을 도와주고 있는 며느리를 반갑게 만났습니다. 우연히 같은 지역에서 복음을 전하는 부모와 의료 봉사를 하러 온 아들 부부가 주님의 일로 만난 기쁨과 감격은 이루 말할 수 없을 정도였습니다.

세상 것에 유혹되어 자신의 욕망을 따라 살지 않고 다른 사람을 위해 헌신하는 마음을 주신 하나님께 감사를 드렸습니다. 오늘은 이곳, 내일은 저곳으로 다니며 복음을 전하고 있는 부모의 마음과 자신의 시간과 물질을 하나님께 드리며 젊은 시절을 가치 있고 보람 있게 보내고 있는 아들의 마음은 동일했습니다. 그간 하나님은 우리 가정을 쓰시기 위해 많은 연단의 과정을 겪게 하셨습니다. 정말 힘들고 아픈 경험들이었지만, 뒤돌아보면 모두 필요한 순간 들이었고 귀중한 시간이었습니다.

의료 봉사 활동이 끝난 후 아들과 며느리가 RV에서 자겠다고 찾아왔습니다. 우리 부부는 5월인데도 찜통같이 더운 RV에서 자 는 것이 익숙했지만 아들 부부는 너무 힘들 것 같아서 다른 곳에 가서 자라고 했지만 막무가내였습니다. RV에서 자는 것이 당연하 다고 생각하고, 조금도 불편하거나 덥다고 하지 않고 오히려 괜찮 다면서 부모를 위로해 주는 아들과 며느리가 기특했습니다. 부모 가 사역하며 고생하는 모습을 몸과 마음으로 느낀 아들 부부는 앞 으로 더욱 검소하게 살며 모은 물질을 이웃을 위해 쓰겠다고 했습 니다. 앞으로도 자신들이 돈을 버는 목적은 자신들보다 물질이 필 요한 사람들을 위해서라고 말하는 아들과 며느리가 대견스럽고 자랑스러웠습니다.

차가 강한 바람에 밀려

하나님의 은혜로 부족한 우리 부부는 오직 주님만을 의지하며 복음을 전했습니다. 그 귀한 일에 쓰임 받게 하신 하나님께 감사하며 오늘도 낯선 길을 달렸습니다. 이 광활한 미국 땅을 "RV에 복음을 싣고 만나는 영혼들에게 복음을 전하겠다"는 사명을 받고 달리는 길은 외롭고 힘들었습니다. 하지만 영광의 길이라 생각하니 한편으로 기쁨이 넘쳤습니다.

연말이 다가올 즈음, 밤이 되어 잘 곳을 찾아 마켓 주차장으로 들어갔습니다. 하지만 주차장이 만차였습니다. 많은 사람이 크리스마스 선물을 사려고 마켓에 몰려든 탓이었습니다. 겨우 구석진 곳에 차를 대고 잠을 잤습니다. 아침에 서둘러 빠져나오는데 벌써부터 크리스마스 선물을 사려는 차들로 길이 막힐 정도로 붐비는 모습을 보며 안타까운 마음이 들었습니다. 세상에서 받을 수 있는 최고의 선물은 예수 그리스도이신데, 그분을 모르는 사람들이 너무 많기 때문이었습니다.

복음의 동역자들에게 감사의 편지를 적어 이메일로 보낸 후 기쁘고 감사한 마음으로 플로리다를 향해 달려갔습니다. 조지아를 지나 플로리다 95번 프리웨이를 달리는데 바람이 불기 시작하더니 점점 강해져 운전하기가 조금 힘들었습니다. 그때 뒤따라오던 큰 트럭이 속력을 내며 옆 차선으로 지나가면서 바람을 일으켰는데 강한 바람과 합쳐져 그만 RV가 밀리고 말았습니다. 차선 밖으로 바퀴가 나가 경사진 잔디로 굴러떨어질 뻔했습니다. 남편은 그 순간에 하나님이 운전대를 잡고 계심을 느꼈다고 고백했습니다.

운전대를 틀어 다시 도로 위로 올라왔는데 강풍이 불어 또다시 차선을 넘었습니다. 그 넓은 3차선을 바람에 밀려 왔다 갔다 하기를 여섯 번을 했습니다. 우리는 좌우로 흔들리는 RV 안에서 정신이 하나도 없어 얼굴이 백지장이 되었습니다. 그 순간은 꼭 무슨 일이 일어날 것 같아 아찔해 기도도 할 수 없는 상태였습니다.

다행히도 그때 우리 RV 주위에 다른 차들이 하나도 없었기 때문에 사고는 없었습니다. 겨우 차의 속력이 떨어지면서 제자리로 돌아와 운전을 하게 되었고, 바로 앞에 트럭들이 쉬어 가는 장소가 보여서 하나님이 예비하신 곳이라 믿고 들어갔습니다.

정신을 차리고 보니 RV 안은 수라장이 되어 있었습니다. 서랍이란 서랍은 다 튀어나와 물건이 쏟아져 있었고, 책들은 바닥에

널브러져 있었습니다. 우리가 사용하는 그릇은 대부분 플라스틱인데, 몇 개 안 되는 유리컵이 산산조각이 나 있었습니다. 게다가 냉장고 문이 열리는 바람에 음식이 쏟아져서 뒤범벅이 되어 있었습니다. 도대체 어떻게 정리를 해야 할지 모를 정도였습니다. 마치 1994년 LA 노스릿지 지진 때와 같은 상황을 보는 듯했습니다. 큰 사고를 당할 뻔했는데, 우리를 위해 중보기도 해 주시는 분들의 기도로 하나님이 보호해 주셔서 그 어려운 순간을 모면할 수 있었다고 생각하니 감사 기도가 절로 나왔습니다.

항상 주 안에서 하나님을 향해 마음이 열려 있고 기도하는 사람에게는 하나님이 피난처가 되시고 요새가 되십니다. 하나님은 우리를 지키시는 분입니다. 하나님이 우리의 보호자가 되어 주시기에 그 어떤 것도 감히 우리를 해칠 수가 없습니다. 우리가 무엇이기에 하나님이 이같이 우리를 대우해 주시는 것일까요? 우리는 하나님의 자녀이기 때문입니다. 하나님은 우리를 그리스도의 십자가의 피로 값 주고 사셔서 하나님의 자녀로 삼으셨습니다.

주위 여건이 어떠하든지 엄마 품에 안긴 아기는 평안합니다. 하물며 하나님의 품에 안겨 있는 하나님의 자녀들이겠습니까. 우리는 상황과 관계없이 하나님을 의지하며 믿음으로 평안해야 하는 것입니다.

세상이 주는 평안은 항상 조건부입니다. 따라서 우리가 처한 형편과 여건에 따라 좌우됩니다. 건강하고, 부하고, 일이 잘되면 평안하다가도 그렇지 않으면 평안도 사라지는 것입니다. 그러나 주님이 주시는 평안은 세상이 주는 평안과 본질적으로 다르기에 어떠한 형편이나 악조건도 우리에게서 그 평안을 빼앗아 갈 수 없습니다. 하나님은 우리를 지켜 주시되 모든 악한 세력으로부터 지키셔서 모든 환난을 면하게 해 주시며, 또한 환난을 넉넉히 이길 힘도 주십니다. 예수님은 "세상에서는 너희가 환난을 당하나 담대하라 내가 세상을 이기었노라"(요 16:33)라고 말씀하셨습니다.

한 해를 마무리 짓고 기쁜 마음으로 달려가는 순간에 우리의 기쁨을 빼앗아 가려는 사탄의 궤계임이 분명했습니다. 그동안 육신적으로 많이 괴로워도 낙심하지 않고 주님만 의지하며 기쁘게 사역한 우리를 사탄이 사고를 통해 방해하려고 했던 것입니다. 온몸이 언어맞은 사람같이 아프고 어지럼증이 더 심해져서 많이 힘들었지만 큰 사고가 나지 않은 데 감사했습니다.

하나님의 작품

우리는 펜사콜라에서 98번 해변 길을 따라 동쪽으로 달렸습니다. 포트 월튼이라는 도시를 막 통과하고 있을 때 전화가 왔습니다. 그 지역에서 목회하는 목사님이셨습니다. 만약 조금만 늦게 전화하셨다면 이미 그 지역을 통과했기 때문에 어디인지를 분간하지 못해 낯선 곳에서 당황할 수밖에 없었을 것입니다.

사도행전 10장에 나오는 고넬료 사건과 같이, 목사님은 그 지역을 지나가는 우리에게 때맞춰 전화를 하셨고, 급작스럽지만 다음 날인 주일 오전과 오후 예배에 간증 집회를 해 달라고 초청하셨습니다. 계획에 없었는데 갑자기 일어나는 일들은 대부분 이유가 있었습니다. 이번에도 마찬가지로 하나님이 하실 일이 기대가 되어 기도하지 않을 수 없었습니다.

주일 오전 11시 예배는 뜨거운 찬양과 함께 시작되었습니다. 우리 부부가 간증을 한 후 목사님을 비롯해서 온 성도가 안일하고 부끄러운 신앙생활을 회개했으며, 좀 더 주님을 위해 헌신된 삶을 살겠다고 고백했습니다. 전도부장 집사님과 몇 분이 RV로 우리를 찾아와서 전도에 대해 구체적으로 듣고 영혼 구원이 얼마나 귀한 일인가를 깨달았다면서, 복음 전도를 실천할 것을 다짐하셨습니다.

우리 부부가 목사님께 "성도님들이 하나같이 착하고 열심 있는 믿음을 갖고 계시네요"라고 말씀드리자 목사님은 "이전에 섬기신 담임목사님이 잘 양육해 놓으신 것입니다. 저는 별로 한 일이 없습니다"라고 하셨습니다. 겸손하게 자신을 낮추시는 목사님이 귀하게 보였습니다.

사모님이 우리와 조용히 만나기를 원하셔서 교회 안의 다른 장소로 이동했습니다. 사실은 목사님이 지금 간염으로 목회를 할 수 없는 힘든 상태로 고통 중에 계신다고 말씀하셨습니다. 질병을 딛고 복음 전도자의 삶을 살아가는 우리 부부의 간증을 들으신 목사님과 사모님이 목회를 쉬어야 할지, 힘들어도 계속해야 할지 결정을 못하고 갈등하게 되신 것입니다.

우리는 단호하게 말씀드릴 수 있었습니다. "평신도인 우리도 하나님의 말씀으로 승리했는데, 목사님이 말씀을 외면하고 육신적으로 편하게 쉬면 병이 낫는다고 보장하실 수 있습니까?" 우리는 하나님이 약속의 말씀을 신실하게 지켜 주심을 믿을 때 임하는 하나님의 능력을 경험했기에, 자신감을 갖고 더욱더 열심히 목회하실 것을 부탁드리고 그곳을 떠났습니다. 그 후에 목사님은 기도 가운데 목회를 쉬지 않고 계속하기로 결정하셨고, 열심을 다하신 결과 건강을 회복하셨다는 소식을 들었습니다. 우리는 "자기 목숨을 얻는 자는 잃을 것이요 나를 위하여 자기 목숨을 잃는 자는 얻으리라"(마 10:39)라는 말씀을 기억해야 합니다.

그로부터 7년이 지난 후 우리는 그 지역을 다시 방문해 간증 집회를 했습니다. 그동안 교회는 부흥해 성전을 새로 마련했고, 겸손하신 목사님은 여전히 성도들을 잘 섬기시며 아주 행복하게 목회하고 계셨습니다. 목사님과 사모님은 하나님의 은혜로 최선을 다해 사명을 감당하심으로 건강의 축복을 받으셨고, 기쁨으로 충만해 보이셨습니다.

사실 7년 전 그때는 다 포기하고 한국으로 가려고 준비하셨답니다. 하나님이 부족한 우리를 통해 실의에 빠져 있는 목회자를 살리시려고 그 지역을 지나가는 길목에서 만남을 이루어 주셨고 역사하신 것이 분명했습니다. 이 글을 쓰고 있는 지금 생각해도 그 일은 기가 막힌 하나님의 작품이었습니다. 하나님의 계획과 역사하심은 언제나 놀랍습니다. 부족한 우리가 하나님이 하시는 일에 도구로 쓰임 받고 있다는 것이 얼마나 기쁘고 복된지 형용할 길이 없습니다.

"하나님의 약속은 얼마든지 그리스도 안에서 예가 되니 그런즉 그로 말미암아 우리가 아멘 하여 하나님께 영광을 돌리게 되느니라"(고후 1:20).

플로리다의 포트 월튼 앞 바닷가에는 난생처음 보는 아름다운 해변이 펼쳐져 있었습니다. 백사장의 모래는 하얀 설탕 가루같이 곱고 윤기가 났고, 바닷물은 코발트빛으로 우리를 황홀하게 했습니다. 목사님의 안내를 받으며 감탄하면서, 상쾌한 바닷바람을 맡으며 많은 대화를 나누었습니다. 하나님이 지으신 세계는 무어라 형용하기 어려울 정도로 정말 아름다웠습니다.

그 넓고 넓은 바닷가에는 파도만이 잔잔하게 출렁이고 있을 뿐 아무도 없었습니다. 불과 한두 시간 전 도시에서 본 바닷가는 침수 지역으로 물이 더러웠는데 이곳은 축복받은 땅이라는 생각이 들었습니다. 지형적으로 썰물과 밀물이 잘 이루어지고 바다 밑에 많은 조개가 살고 있어 조개껍질들이 파도에 부서져 하얀 설탕같이 깨끗한 모래를 만들어 낸다고 합니다.

사람도 마찬가지로 심령이 깨끗해지려면 받아들이고 내보내는 일을 잘해야 한다는 생각이 들었습니다. 하나님의 말씀을 심령에 잘 받아들여 자아가 죽고 부서지는 회개를 할 때만이 나도 깨끗해지고 주위도 깨끗해질 수 있다는 깨달음을 주셨습니다. "하나님의 사람으로서 부족함이 없도록 몸과 마음을 깨끗이 하라. 말이나 행함으로 주님을 나타내 세상을 밝히는 등대로 살라" 하시는 것만 같았습니다. 회개한 사람은 깨끗한 마음으로 새로운 삶을 살며, 새로운 목표를 가지고 하나님의 영광을 위해 살아갑니다.

내 마음 평안해

2007년 8월, 우리 부부는 1943년생 동갑으로 메디케어(Medicare, 미국에서 시행되고 있는 노인의료보험제도)를 받을 나이가 아니기 때문에 극빈자들이 이용하는 카운티병원에서 종합 검진을 받았습니다. 오랫동안 기다려서 진찰을 받고 검사한 결과, 폐와 간이 안 좋고 소변 검사 결과 소량의 피가 보인다면서 방광 내시경과 조직 검사를 해야 한다고 했습니다. 사실 밤마다 화장실을 자주 가기 때문에 밤잠을 깊이 자지 못했습니다. 이비인후과에서 검사한 어지럼증은 원인을 제대로 알지 못하겠다면서 집에서 하는 운동 방법을 알려 줄 뿐이었습니다.

종합 검진을 하느라 병원에 가기를 수없이 하면서, 동시에 초청한 교회에 가서 간증 집회까지 소화해 냈습니다. 하나님이 부족한 자를 사용해 주시는 것이 감사해서 기쁨으로 감당했지만, 연약한 육신이 병을 견디지 못하는 것이 안타까웠습니다.

그런데 간증 집회를 하거나 전도 대상자를 만나 복음을 전할 때
는 거짓말같이 통증을 느끼지 못했습니다. 게다가 얼굴도 전혀 아
픈 사람 같지 않았습니다. 그렇다 보니 쉬지 않고 계속해서 복음
을 전했습니다. 우리를 잘 아시는 분들은 하나님의 성전인 육체를
잘 관리해야 하는데 너무 쉼이 없었다고 안식년을 가질 것을 권
면하셨습니다. 육신은 여기저기 아픈 곳이 많았지만 마음은 언제
나 평안하고 기뻤기에 아무 걱정이 되지 않았습니다. 카운티병원
에서 극빈자를 대상으로 한 무료 혜택을 받고 검사와 치료까지 해
주어서 정말 감사했습니다.

LA의 날씨가 갑자기 이상 기온을 보여 38도가 넘는 살인적인
무더위가 계속되었습니다. RV 안에서 견디기가 너무 힘들었습니
다. 낮에는 복음을 전하거나 병원을 다니다가 저녁에 돌아오면 한
낮의 뜨거운 볕에 RV 안이 한증막같이 달구어져 있어서 잠을 자
기가 정말 힘들었습니다. 밤새도록 뒤척이다가 새벽에 겨우 몇 시
간 잠을 잘 수 있었습니다.

건강도 별로 좋은 상태가 아닌데 잠이라도 잘 자야겠다는 생각
에 잠시 샌디에고로 내려갔습니다. 샌디에고는 20년 전에 처음 미
국으로 이민 와서 고생하며 살았던 곳으로, 바다가 가까워서 훨씬
시원했습니다. 하지만 주차할 곳을 찾기가 만만치 않았습니다. 감
사하게도 한 집에서 공터에 주차하도록 허락해 주셔서 잘 지내게

되었습니다. 주차가 정말 힘든 지역인데 10분만 걸으면 바닷가에 갈 수 있는 좋은 지역을 허락하신 주님께 감사를 드렸습니다. 우리 부부는 시원한 바람을 맞으며 깨끗한 모래사장을 걸으면서 기도하고 찬양했습니다.

며칠 동안 지친 몸과 마음에 쉼을 얻고 우리를 기다리는 전도 대상자들을 만나기 위해 다시 LA로 향했습니다. 하나님이 우리에게 주신 사명은 영혼을 구원하는 전도 사역이라 믿으며, 영적 군사로서 최선의 삶을 살겠다고 다시 한 번 다짐했습니다. 사도 바울의 "너는 그리스도 예수의 좋은 병사로 나와 함께 고난을 받으라 병사로 복무하는 자는 자기 생활에 얽매이는 자가 하나도 없나니 이는 병사로 모집한 자를 기쁘게 하려 함이라"(딤후 2:3-4)라는 권면을 마음에 새겼습니다.

LA에서는 우리를 초청한 몇몇 교회에서 간증 집회를 하고, 그 교회의 성도들 중에 구원의 확신이 없거나 실족해 교회에 나오지 않고 있는 분들을 만나는 일들이 많았습니다. 부족한 자를 들어 사용하시는 하나님이 얼마나 위대하신가를 늘 생각하면서 언제나 순종하며 나아가고 있습니다.

"하나님께서 세상의 미련한 것들을 택하사 지혜 있는 자들을 부끄럽게 하려 하시고 세상의 약한 것들을 택하사 강한 것들을 부끄럽게 하려 하시며"(고전 1:27).

하나님의 능력 가운데 복음을 전하고 있던 어느 날 병원에서 연락이 왔습니다. 지난번에 폐를 촬영했는데 폐가 아닌 췌장에 이상이 있는 것을 우연히 발견했다는 것입니다. 폐는 전에 앓았던 흔적만 있을 뿐이고, 췌장 안에 엄지손톱만 한 혹이 있어 조직 검사를 해야 하는데 다른 큰 병원으로 가야 하므로 기다리라고 했습니다. 그런데 이상할 만큼 마음의 동요 없이 평안하기만 했습니다. "내 이름을 경외하는 너희에게는 공의로운 해가 떠올라서 치료하는 광선을 비추리니 너희가 나가서 외양간에서 나온 송아지같이 뛰리라"(말 4:2)라는 하나님의 말씀을 신뢰했기 때문입니다.

몇 년 전에 가깝게 지내던 40대 후반의 집사님이 췌장에 증상이 나타난 후 3개월을 넘기지 못하고 세상을 떠나시는 모습을 보았습니다. 병문안을 갔다가 구원의 확신이 없다는 사실을 알게 되어서 복음을 전했는데, 예수님을 눈물로 영접하고 천국의 소망을 갖고 투병 생활을 잘하다가 기쁨으로 천국에 입성하셨습니다. 췌장암은 특히 통증이 말로 다할 수 없이 심하다는데, 하나님이 집사님께 사는 날 동안 통증을 제해 주는 은혜를 주셨습니다. 집사님은 오히려 병문안을 온 사람들을 위로하며 꿈속에서 본 자신이 갈 천국을 전했으며, 남편과 아들딸에게도 예수님을 잘 믿으라는 부탁을 잊지 않으셨습니다.

췌장은 증상이 없다가 마지막 때에 통증을 동반하므로 이상이 발견되면 속수무책이라고 합니다. 제 경우 어지럼증 때문에 여러 가지 검사를 하다가 우연히 발견된 것이 어쩌면 축복이라는 생각이 들었습니다. 하나님이 미리 알려 주시고 기도할 수 있는 시간을 주셨다고 생각하니 오히려 감사했습니다. 지난날 제 삶 속에서 역사하셨던 하나님이 이번에도 동일하게 하나님의 전능하심으로 역사해 주실 것이라고 믿었습니다. 모두가 두려워하는 병이라고 하지만 하나님이 또 한 번의 기적을 베풀어 주실 것이라는 믿음으로 마음이 평안했습니다. 어떠한 어려움 가운데서도 굴하지 않고 십자가의 복음을 전하고 있는 자를 넘어뜨리려는 사탄의 위협이라고도 생각되었습니다.

췌장에 혹이 있다는 것 자체를 의식하지 않고 계속 사역에 열중하다 보니 10년이 지났습니다. 며칠 전 피 검사를 하러 병원에 갔다가 초음파 검사도 받았습니다. 그런데 의사가 혹이 두 배(2.7cm)로 커졌다고, 조직 검사를 하고 치료도 해야 한다고 강력하게 말했습니다. 저는 췌장의 혹이 3cm가 되면 암처럼 위험하다고 하는데, 조직 검사를 해서 암이면 어차피 죽을 테니까 천국에 갈 것이고, 암이 아니면 사명이 아직 남아 하나님이 살려 주신 것이기에 조직 검사가 별 의미가 없다고 생각해 거절했습니다.

의사는 그동안 여러 가지로 몸에 이상이 있었고, 특별히 등과 어깨가 아파서 힘들어했는데 췌장 때문인지 섬유근육통 때문인지 모르니 검사를 하자고 했습니다. 그러나 하나님이 지켜 주실 것이라는 믿음으로 검사를 받지 않기로 결정했습니다.

그 후 놀라운 일들이 일어났습니다. 대체의학으로 암도 치료할 수 있다는 이론으로 만들어진 파동 치료기를 모르는 어떤 집사님을 통해 공급받고 정말 감사해서 눈물이 났습니다. 집사님은 그동안 선교사님들을 돕는 사역을 해 오셨는데 우리의 사역 소식을 듣고 도와주고 싶은 감동이 와서 동역하는 마음으로 기쁘게 헌물을 한 것이라고 하셨습니다. 그런데 다음 날 시애틀에 있는 어떤 집사님을 통해 몸을 따뜻하게 해 암도 치료한다는 온열기를 또 공급받게 되었습니다.

빨리 건강을 회복해서 급한 일인 영혼을 구원하는 사역에 쓰시려고 알지 못하는 분들의 마음까지도 감동시켜 치료에 도움이 되는 도구를 공급해 주신 하나님의 사랑에 그만 펑펑 울었습니다. 분명코 하나님은 오직 주님을 신뢰하고, "죽으면 죽으리라"는 고백으로 복음을 전하는 자들에게 세상 끝 날까지 함께하신다는 사실을 확신하며 감사를 드렸습니다. "하나님이 이르시되 그가 나를 사랑한즉 내가 그를 건지리라 그가 내 이름을 안즉 내가 그를 높이리라 그가 내게 간구하리니 내가 그에게 응답하리라 그들이 환난당할 때에 내가 그와 함께하여 그를 건지고 영화롭게 하리라"(시 91:14-15)라는 말씀은 진리였습니다.

총알도 막지 못하는 복음의 길

시카고의 어느 교회에서 3일간의 집회 요청을 받고 갔습니다. 집회를 하면서 성도들이 은혜를 받았다고 하는데도 무엇인가 이상한 느낌을 받았습니다. 목사님이 말씀하시지 않아서 몰랐는데, 나중에 알고 보니 목사님을 나가시도록 모의하는 중이었다고 합니다.

　교회의 분위기가 평안하지 않은 상태에서 간증 집회를 했는데, 사탄은 가만히 있지 않고 결국 일을 저질렀습니다. 집회 마지막 날에 누구인지 모르지만 교회 주차장에 세워 둔 RV를 향해 총을 쏴서 벽면에 구멍이 뚫렸습니다. 총알이 창문이 아닌 RV 벽면을 뚫고 들어왔기 때문에 피해는 없었습니다. 연락을 받고 온 경찰 여러 명이 조사를 했고, RV 안에 들어와 부엌 싱크대 밑에 떨어진 22구경 총알을 찾아 가지고 갔습니다. 우리 부부는 탄알을 처음 보았지만 담담했으며 불안하거나 두렵지 않았습니다. 총으로 RV의 벽은 뚫을 수 있었지만, 복음을 전하고자 하는 우리의 열정은 이 세상 어떤 것으로도 막을 수 없었습니다.

"누가 우리를 그리스도의 사랑에서 끊으리요 환난이나 곤고나 박해나 기근이나 적신이나 위험이나 칼이랴 … 내가 확신하노니 사망이나 생명이나 천사들이나 권세자들이나 현재 일이나 장래 일이나 능력이나 높음이나 깊음이나 다른 어떤 피조물이라도 우리를 우리 주 그리스도 예수 안에 있는 하나님의 사랑에서 끊을 수 없으리라"(롬 8:35, 38-39).

총으로 위협해 복음을 전하는 전도자의 길을 방해하려는 악한 세력이라고 생각되었습니다. 2002년부터 복음을 전하러 다니는 가운데 누군가가 돌을 던져 RV 유리창이 깨지기도 했고, 문짝을 부수기도 했으며, 물건을 훔쳐 가기도 했습니다. 그러나 총을 발사하는 위협은 처음 당하는 일이었습니다. 경찰이 수사하겠지만, 어떠한 이유에서 그러했든 그 사람을 그리스도의 사랑으로 용서하고 복음의 전진을 계속해 나갈 것을 더욱더 다짐했습니다.

한 번은 토론토 큰빛교회에서 전도폭발 지도자 임상훈련이 있기 때문에 시카고를 떠나 디트로이트에서 하룻밤을 자려고 마켓 주차장을 찾아갔습니다. 그곳에 가면 꽃을 파는 건물 옆이 한가하기에 항상 그 자리에 주차했는데, 그날은 왠지 조명이 어두워서 다른 곳에 차를 댔습니다. 그런데 잠시 후 바로 그 자리에 경비행기가 떨어져 큰 사고가 났습니다. 만일 우리가 그 자리에 주차를 했다면 RV가 박살이 났을 것이고 우리도 함께 죽었을지도 모를 일입니다.

"그가 너를 위하여 그의 천사들을 명령하사 네 모든 길에서 너를 지키게 하심이라"(시 91:11)라는 말씀이 생각났습니다. 하나님이 큰 사고를 모면하게 하려고 피할 길을 주셨음을 깨닫고, 항상 지켜 주시고 보호해 주시는 하나님께 감사와 찬송을 드렸습니다. 하나님은 몇 주 전에 있었던 총기 사고 때도 피해를 입지 않도록 해 주셨습니다. 이 모든 일은 앞으로도 우리 부부가 해야 할 사명이 있기 때문이라고 믿어졌습니다. 다시 한 번 "내가 달려갈 길과 주 예수께 받은 사명 곧 하나님의 은혜의 복음을 증언하는 일을 마치려 함에는 나의 생명조차 조금도 귀한 것으로 여기지 아니하노라"(행 20:24)라고 고백하며 헌신을 다짐했습니다.

미주 전도폭발 간사로서 동역하면서 간증과 전도 강의를 했는데, 참석하신 많은 목회자와 평신도 지도자의 마음속에 큰 감동이 있었습니다. 전도가 교회의 본질임을 깨닫고 앞으로 평신도들을 무장시켜 영혼 구원에 힘쓰겠다고 결단하는 모습도 볼 수 있었습니다.

우리는 오늘이 우리의 마지막 삶이라고 생각할 때 최선을 다할 수 있습니다. 주님이 부활 후 승천하시기 전 40일 동안 우리 모두에게 사복음서를 통해 명령하신 지상 최대의 명령은 "복음을 전하라"라는 것이었습니다.

"너희는 가서 모든 민족을 제자로 삼아…"(마 28:19).

"너희는 온 천하에 다니며 만민에게 복음을 전파하라"(막 16:15).

"너희는 이 모든 일의 증인이라"(눅 24:48).

"아버지께서 나를 보내신 것같이 나도 너희를 보내노라"(요 20:21).

임상훈련이 끝난 후 간암 선고를 받고 3주 정도 교회에 나온 분이 계시다고 해서 심방을 갔습니다. 교회 목사님과 사모님, 그리고 몇 분의 성도님들이 먼저 와 계셨습니다. 60대 초반의 손 선생님은 살아오면서 몇 번 교회에 나갔었고 전도를 받아 본 적도 있다고 하셨습니다. 그간 성경이 믿어지지 않고, 더구나 천국과 지옥은 생각도 하고 싶지 않아서 허튼소리라고 일축해 버리셨습니다. 그러던 4개월 전 간암 선고를 받은 후 '나는 죽으면 어디로 가는 것인가?' 하며 번민하다가 교회를 찾아오셨습니다. 하지만 꽁꽁 얼어붙은 마음은 열리지 않았고 사람들을 만나는 것조차 싫었습니다.

성령님이 임재하시는 가운데서 우리는 물 흐르듯이 자연스럽게 대화를 하게 되었고, 때를 놓치지 않고 마침내 복음을 전할 수 있었습니다. 손 선생님의 궁금증에 대해 이야기하면서 3시간 동안 복음을 전했는데, 아파하는 기색도 없이 귀를 쫑긋 세우고 열심히 들으셨습니다. 자신이 죽으면 어디로 갈 것인가에 대한 분명한 대답인 복음을 듣고 예수님을 영접하면서 기뻐하며 감격하셨습니다. 손 선생님의 얼굴빛이 환해졌습니다.

"영접하는 자 곧 그 이름을 믿는 자들에게는 하나님의 자녀가 되는 권세를 주셨으니"(요 1:12)라는 말씀을 의지해 감격에 차서 예수님을 영접한 후 손 선생님은 솔직한 마음을 털어놓으셨습니다. 그동안 여러 차례 전도를 받았지만 전혀 믿어지지 않았는데 오늘은 왠지 꽁꽁 얼어붙은 마음이 봄날에 눈 녹듯이 따스한 느낌이 들고 아주 평안하며 기쁘다고 하셨습니다. "오늘 죽어도 한이 없습니다. 예수님 믿고 기쁨으로 천국에 들어가니까요!"

그곳에 함께 있는 모든 분이 눈물을 흘리며 귀한 영혼을 얼싸안고 하나님의 자녀 됨을 기뻐했습니다. 그 모습을 보신 우리 하나님이 얼마나 기뻐셨을까요! 예수님도 "죄인 한 사람이 회개하면 하늘에서는 회개할 것 없는 의인 아흔아홉으로 말미암아 기뻐하는 것보다 더하리라"(눅 15:7)라고 말씀하시지 않았습니까! 부족한 자를 들어 복음 전도자로 사용하신 하나님, 영혼 구원에 힘쓰도록 성령의 능력을 주신 하나님께 다시 한 번 감사를 드렸습니다.

전화로 복음을 전하다

중부 지방의 사역을 끝마치고 동부를 향해 가야 하는데 날씨가 점점 추워졌습니다. 그 아름답던 단풍이 다 떨어지고 앙상한 가지를 드러낸 나무들을 바라보며 우리 부부의 마음은 쓸쓸하고 외로움마저 들었습니다. 동부에 아직 남은 사역이 있어 비록 날씨가 추워지고 있었지만 그곳을 향해 가야만 했습니다. 언제나 나그네같이 이곳저곳을 옮겨 다니는 삶에 낭만이 있다고 보는 사람도 있지만 우리는 사실 고달프기만 했습니다. 어제와 오늘이 다르게 겉사람은 후패해 가고 있지만, 그래도 속사람은 날로 새로워지는 기쁨이 넘치기에 이 사역을 감당할 수 있습니다.

하나님이 우리에게 특별한 사명을 주셨다고 말하지만, 우리와 같은 평신도 사역자들이 많이 나와서 함께 사역하는 것이 우리의 소망입니다. 우리의 간증을 통해 모두 도전을 받았다고 하지만 선뜻 나서는 사람은 없었습니다. 모든 것을 포기하고 오직 주님만을 위해 살겠다는 결단이 없는 것입니다. 미국 같은 선교지가 또 어디 있을까요. 각 나라에서 믿지 않는 사람들이 들어와 있고 또 어느 곳을 가더라도 한국 사람들을 만날 수 있습니다. 끝도 없이 펼쳐진 고속도로가 정말 잘 닦여 있는 넓고 넓은 미국 땅. "추수할 것은 많되 일꾼이 적으니"(마 9:37) 하고 탄식하시는 주님의 음성이 들리는 것 같습니다.

오늘날 많은 그리스도인이 그저 안일하게 살고 싶어 하고 남에게 간섭하지 않겠다는 생각으로 복음을 전하지 않는 것 같습니다. 생명을 드려 순교까지 하며 복음을 전한 선교사님들을 통해 우리가 복음을 받고 믿게 되었는데, 우리도 그분들의 본을 따라야 하는데 안타까운 마음입니다. 주님이 우리를 구원하기 위해 십자가에서 죽으시고 부활하셨다는 사실을 믿는다면 그분의 유언과 같은 "너희는 온 천하에 다니며 만민에게 복음을 전파하라"(막 16:15)라는 명령을 어찌 지키지 않을 수 있겠습니까.

영적으로 헐벗고 굶주린 영혼들로 인해 애통하시는 주님의 음성을 못 들은 체하지 말고, 말씀을 묵상하며 명령에 순종하는 결단의 계절이 오면 좋겠습니다.

켄터키에서 사역을 할 때 대학교 2학년생인 어떤 자매가 공부 때문에 간증을 못 들었는데 사모님이 안타까워하며 우리를 꼭 만나 보라고 하셨다면서 전화를 했습니다. 시간이 서로 맞지 않아서 전화로 이야기하게 되었습니다.

자매는 어려서부터 신앙생활을 했지만 공부를 하느라 중간에 다니지 못했습니다. 그리고 미국에 와서는 가끔 교회에 나가고 있었습니다. 자매는 하나님에 대한 믿음도 있고, 하나님을 의지하며 살고는 있었지만 복음을 정확하게 이해하지 못한 상태였습니다. 이번 기회에 확실하게 전해 주었더니 예수님을 구주와 주님으로 영접했습니다. 그리고 신앙 이야기를 많이 해 주자 마음에 기쁨이 넘치고 무엇인가 자신을 움직이는 힘을 느낀다면서 매우 흥분하는 듯 느껴졌습니다.

우리는 다음 사역지로 떠나야 하기 때문에 양육을 계속할 수 없는 상황이라 주일에 꼭 교회에 나가서 예배드리고, 성경을 읽고, 기도 생활을 열심히 할 것을 조언해 주었습니다. '외국에 아들딸을 보내 놓고 그 부모가 얼마나 그들을 위해 기도할 것인가!' 부모님의 기도를 통해 만남이 이루어진 것이라고 생각했습니다.

이틀 후 전화가 다시 왔습니다. 자매는 자신의 마음과 상황이 얼마나 변화되었는지에 대해 설명하며 뛸 듯이 기뻐했습니다. 한국에 전화했더니 엄마가 고맙다는 인사를 전해 달라고 하셨으며, 동생은 자기도 저와 통화하면 좋겠다고 부탁을 했다고 합니다.

동생은 3년 전에 캐나다의 어느 목사님 댁에서 하숙을 했는데, 음식을 제대로 주지 않고 구박을 해서 너무 큰 상처를 입었습니다. 결국 도저히 견딜 수 없어 한국으로 도로 나왔습니다. 그런 아이를 보고 부모님이 많이 우셨답니다. 그 후부터 학교와 교회를 나가지 않고 소극적이고 침울한 나날을 보내며 우울증으로 고생했습니다. 그러다가 조금 회복되어 누나가 있는 곳에 가고 싶다고 해서 지난해에 미국에 왔습니다. 조금 안정되어 학교는 잘 나가고 있었지만 교회는 꺼려했는데 누나가 기뻐하는 모습을 보고 자신도 누나가 만난 하나님을 만나고 싶다고 한 것입니다.

언제든지 전화하면 이야기할 수 있다고 했는데 며칠이 지나도 전화가 오지 않았습니다. 우리는 바쁜 일정으로 만나지 못하고, 또다시 사역을 위해 뉴저지를 향해 떠났습니다. 한참 프리웨이를 달리는데 전화가 왔습니다. 받아 보니 기다리던 동생분이었습니다. 전화로 들리는 목소리는 어른스럽고 침착했지만 약간 떨고 있는 듯했습니다. 안심시켜 주려고 여러 가지 예화를 들어 사랑의 하나님에 대해 들려주었고, 또 우리 두 아들에 대한 간증도 했습니다. 그리고 하나님의 자녀가 되는 것이 이 세상 그 무엇보다 제일 큰 복이라고 했습니다.

그러자 어떻게 하면 하나님의 자녀가 되느냐면서 자기도 하나님의 자녀가 되고 싶다고 했습니다. 어린 학생이니까 쉬운 말로 복음을 전해야 하기에, 성령님께 능력을 달라고 기도하면서 전했습니다.

"내 말과 내 전도함이 설득력 있는 지혜의 말로 하지 아니하고 다만 성령의 나타나심과 능력으로 하여 너희 믿음이 사람의 지혜에 있지 아니하고 다만 하나님의 능력에 있게 하려 하였노라"(고전 2:4-5).

달리는 RV 안에서 전화로 복음을 전한 경험이 이전에도 몇 번 있었지만 이번에는 조금 힘들었습니다. 나이가 어려서 이해되지 않는 부분을 계속 설명해 주고 확인하다 보니 3시간이 지났고, 결국 전화가 방전이 되었습니다. 서둘러 남편 전화기로 다시 연결해 복음을 계속 전했습니다.

예수님이 십자가에서 죽으시고 부활하신 사건이 마음으로 믿어지기까지 인내심을 갖고 자신의 영혼 구원을 위해 확실하게 알려고 물어보는 학생이 참 기특했습니다. 성령님이 우리 가운데 역사해 주셔서 동생분도 마침내 예수님을 구주와 주님으로 영접하고 기뻐하며 하나님께 영광을 드렸습니다. 할렐루야!

6장 복음은 그래도 달린다

-

마 지 막 이
두 렵 지 않 은 이 유

-

무엇 하다 왔느냐?

☁

텍사스의 달라스에 있는 한 교회에 초청을 받아 갔는데, 그 후 한 달 반 동안 연이어 12개 교회에서 간증과 전도 강의를 하게 되었습니다. 간증 후에는 교인들과의 만남이 이루어지곤 했습니다. 여러 가지 사연을 듣고 상담도 하면서 자연스럽게 복음을 전했습니다. 부족한 자를 사용해 주신 하나님의 은혜에 대한 감사가 넘쳤습니다. "그러나 내가 나 된 것은 하나님의 은혜로 된 것이니 내게 주신 그의 은혜가 헛되지 아니하여 내가 모든 사도보다 더 많이 수고하였으나 내가 한 것이 아니요 오직 나와 함께하신 하나님의 은혜로라"(고전 15:10)라고 고백했습니다.

어느 날 저녁 7시에 목사님과 함께 어려움이 있는 가정을 방문했습니다. 남편분은 교회에서 남선교회 회장을 맡으셨는데, 7년 전에 재혼한 아내가 교인들끼리 어떤 문제로 다투다가 실족해 교회에 나오지 않는다고 했습니다. 아내는 용서할 수 없는 분노로 인해 우울증이 심한 상태였습니다. 집안에 목을 맬 만한 곳이 없어서 자살을 못하고 있다면서 많이 우셨습니다. 새벽 2시가 되도록, 무려 7시간을 인내하며 줄기차게 이야기를 들어 주었습니다.

교회에서 성도들 간에 왕따를 시키는 일이 있다면 생각해 볼 일입니다. 잘못한 것이 있다면 말씀 안에서 서로 권면하고, 용납하며, 용서해야 하는데 외면하고 상종하지 않으려는 태도는 합당하지 않으며, 스스로 구원받은 하나님의 자녀인지 의심해 보아야 합니다. 믿음이 있다는 성도들 중에는 율법적인 신앙을 갖고 남을 판단하고 정죄하면서도 자신만은 거룩한 척하는 사람들이 많이 있습니다. 그들에게 성경은 "그러므로 남을 판단하는 사람아, 누구를 막론하고 네가 핑계하지 못할 것은 남을 판단하는 것으로 네가 너를 정죄함이니 판단하는 네가 같은 일을 행함이니라"(롬 2:1)라고 책망합니다.

율법 안에 갇혀서 기쁨이 없을 뿐만 아니라 계속 남의 잘못만 눈에 보여서 상대방을 지적하고 괴로움을 주는 것입니다. 복음이 그 사람 안에서 진정한 복음이 되지 못하면 이처럼 자신이 주인이 되어서 자기 마음에 옳은 대로 판단하고 비판하는 자가 됩니다. 예수 그리스도가 우리 마음의 왕국에 왕으로 임하시는 것, 즉 그분이 주인이 되시는 것이 곧 구원받은 것입니다. 우리가 우리 마음의 주인이 아니라 예수 그리스도가 주인 되심을 믿을 때 평강의

왕으로 오신 예수님으로 인해 가장 먼저 평안이 찾아옵니다.

우리는 아내분이 예수 그리스도를 구주와 주님으로 영접하지 못했음을 알고 마음 상하지 않게 조심스럽게 복음을 나누었습니다. 말씀을 진지하게 나눌 때 용서와 사랑의 실체이신 주님이 친히 그분의 심령에 임하셔서 치료해 주시고 기쁨과 평강의 눈물을 한없이 쏟게 하셨습니다.

교회 안에서 누구보다 말씀을 많이 암송하지만 말씀대로 살지 않고, 믿음이 있다면서 남을 가르치는 사람들 때문에 안타깝게도 상처를 받고 실족하는 성도들을 종종 보게 됩니다. 예수님은 자신은 보지 못하고 지적하기를 좋아하는 사람에게 "너는 네 눈 속에 있는 들보를 보지 못하면서 어찌하여 형제에게 말하기를 형제여 나로 네 눈 속에 있는 티를 빼게 하라 할 수 있느냐 외식하는 자여 먼저 네 눈 속에서 들보를 빼라 그 후에야 네가 밝히 보고 형제의 눈 속에 있는 티를 빼리라"(눅 6:42)라고 경고하셨습니다.

금요예배 때 간증하기 위해 간 교회는 한 목사님이 부목사로 섬기다가 3년 전부터 담임목사로 사역하고 계신 곳이었습니다. 목사님은 첫 목회지라서 강한 의욕을 품고 시작했지만 약한 영혼들을 바라보면 너무 안타깝다는 고민을 털어놓으셨습니다. 일주일 전 금요예배 시간에 기도하는 중에 하나님이 목사님께 "너 무엇 하다 왔느냐?"라고 물으셨답니다. 자신이 목회를 하고 있는 중인데 왜 무엇을 하다가 왔느냐고 물으시는지 걱정이 되셨습니다. '혹시 선교지로 가라고 하시는 것일까?' 많은 고민을 하면서 기도를 하셨습니다.

지난 주일 성도들에게 이야기했더니 목사님이 전하시는 하나님의 말씀에 은혜를 받고 있는데 선교지로 가시면 안 된다고 했습니다. 그런 일이 있은 지 일주일 후 우리의 간증을 들으셨는데 성도들보다 더 큰 은혜를 받고 하나님의 깊은 뜻을 깨달았다고 하셨습니다. 목사님은 하나님이 간증을 통해 무엇을 해야 할지를 정확하게 응답해 주셨다고 기뻐하시며, 전도 훈련을 받고 지역 복음화에 힘쓰겠다고 다짐하셨습니다. 가는 곳마다 안타까운 마음으로 전도해야 한다고 강조하고 하나님의 소원을 이루어 드리자고 외쳤는데 목사님이 응답해 주셔서 보람을 느꼈습니다.

3월인데도 바람이 차갑고 추워서 RV에서 지내기가 몹시 힘들었지만 사역을 통해 변화의 역사가 일어나는 경험을 하면서 의욕이 솟아올랐습니다. 믿음의 선한 발걸음을 멈추고 싶지 않아 다시 새롭게 시작하겠다고 하나님께 서원했습니다. 조지 휘트필드의 말처럼 녹슬어 없어지기보다는 닳아서 사라지고 싶습니다.

사람의 변화는

텍사스의 어떤 교회에서 평신도로 많은 영향력이 있으며 중보 기도자로도 자타가 공인하는 믿음 있는 유 집사님을 목사님의 소개로 만나게 되었습니다. 목사님과 온 교인이 그 집사님의 남편을 위해 오랫동안 중보 기도를 하고 있는데 도무지 하나님에 대해 무관심하고 믿으려 하시지를 않는다고 했습니다. 그분이 예수님을 믿고 교회를 나온다면 그 지역 주민들 중에 많은 이가 예수님을 믿을 것이라고 했습니다. 그 지역에서 완악하기로 유명한 몇 사람 중에 한 분이시라고 했습니다.

어느 날 그분이 운영하시는 세탁소를 찾아갔는데, 손님도 별로 없고 경직된 얼굴에 수심이 가득 찬 모습을 보았습니다. 몇 주 전에 음주운전으로 걸려서 수갑이 채워지는 장면을 아들에게 보인 것에 대한 자책으로 괴로워하며 몸부림치고 있었습니다. 그분은 대학 다닐 때 교회를 다녔는데, 신의 존재에 대해 해답을 찾지 못해 포기하고 철학을 탐구하면서 하나님을 부정하게 되었습니다.

한국에서는 그런대로 잘살았는데 미국에 온 후 세탁소를 하면서 자신의 무력함과 한계를 이기지 못하고 환경을 탓하면서 술과 담배로 무지한 인생을 살고 있었습니다. 말하고 싶지 않은 듯 "하나님의 존재가 믿어지기만 하면 스스로 교회에 나가겠다"면서 지금은 누가 무어라 해도 믿어지지 않는다고 완강히 부인하셨습니다.

그러나 우리가 포기하지 않고 거의 4시간 동안 대화를 하는 동안, 그분은 안절부절못하면서 가끔 밖으로 나가 담배를 피우고 들어오곤 하셨습니다. 누구와 이야기해도 흔들림 없이 자신만만함을 드러내는 사람인데, 마음에 갈등이 올 때 그런 행동을 한다고 유 집사님이 나중에 말씀해 주셨습니다. 자신과의 싸움 중인 모습이 역력했습니다. 하나님이 그분의 마음 가운데 역사하시고 있다는 것을 알 수 있었습니다. 유 집사님과 아들딸들은 이번 기회를 통해 꼭 구원의 기쁨을 갖게 해 달라고 눈물로 애타게 기도했으며, 우리도 그분의 영혼을 붙들고 계속 기도했습니다.

유 집사님은 우리와 대화를 하면서 자신에게도 문제가 있음을 깨달았다며 회개하는 마음이라고 하셨습니다. 성경은 "아내들아 이와 같이 자기 남편에게 순종하라 이는 혹 말씀을 순종하지 않는 자라도 말로 말미암지 않고 그 아내의 행실로 말미암아 구원을 받게 하려 함이니"(벧전 3:1)라고 말하는데, 자신이 항상 하나님을 우선순위에 두었기 때문에 가정보다 교회 사역에 힘쓰다 보니 믿지 않는 남편에게 너무 소홀했고 소외감을 갖게 했다고 고백하셨습니다.

다음 날 우리는 점심시간에 맞추어 김밥과 만두를 사 가지고 세탁소로 갔습니다. 식사를 하면서 우선 친교를 나누고 대화를 하려고 갔는데, 그분은 사역 때문에 시간이 없을 텐데 또 오셨냐며 어제와는 다르게 예의를 갖추셨습니다. 함께 점심을 먹은 후 오늘은 해야 할 일의 분량이 많이 남았다고 하셔서 방해가 되면 안 되겠다 싶어 잠깐 삶에 대해 이야기를 나누었습니다. 그리고 한경직 목사님의 『기독교란 무엇인가』와 제임스 케네디 목사님의 『내가 믿는 이유』라는 책을 드리고 나왔습니다. 밖에까지 나와 인사하시는 그분께 믿음생활은 자신과 가정의 행복을 위해 꼭 해야 한다고 말씀드렸습니다. 그리고 "여호와는 나의 목자시니 내게 부족함이 없으리로다 그가 나를 푸른 풀밭에 누이시며 쉴 만한 물가로 인도하시는도다"(시 23:1-2)라는 말씀처럼 주님을 믿는 만큼 큰 위로와 평안을 누리며 살 수 있다고 말씀드렸습니다.

우리는 항상 성령님의 인도하심에 민감하게 따르며 사역을 하고 있는데, 미시시피주 잭슨에서 부르셔서 갈 길이 바빠졌습니다. 떠나는 날 아침에 그분을 한 번 더 만나고 싶어서 방문했습니다. 그분은 일하다 말고 당황해하면서 "바쁘신데도 이렇게 또 저를 위해…" 하며 말문을 잇지 못하셨습니다. 그러고는 잠시 후 "저는 세상에 태어나서 당신들같이 진실하고 좋은 사람은 처음 만난 것 같습니다. 노력해 보겠습니다. 아무쪼록 건강히 잘 가십시오"라고 말씀하셨습니다.

그분께 도움이 될 만한 말씀 테이프와 소책자를 드리고, 진정으로 당신의 영혼이 구원받기를 소원하며 계속 기도할 것이라고 간절한 마음으로 이야기했습니다. 그분은 남편의 양손을 맞잡으며 송구스럽다는 듯이 겸손하게 인사를 하고는, 떠나는 우리 RV가 보이지 않을 때까지 그 자리에 서서 잘 가라고 손을 흔들어 주셨습니다. 우리는 한 영혼이 천하보다 귀하다는 하나님의 말씀을 되새기며 그분이 꼭 주님을 찾게 해 달라는 기도를 드리면서 함께 손을 흔들어 주었습니다. 하나님이 때가 되면 하나님의 방법으로 역사해 주실 것을 믿으며 기쁜 마음으로 다음 사역지를 향해 힘차게 달렸습니다.

전도할 때 무리한 방법으로 성급하게 접근하고 교회로 인도하는 것은 옳은 방법이 아닙니다. 또한 듣기 좋은 말이나 설득력 있는 말을 사용하기보다는 성령님의 나타나심으로 해야 합니다. 전도 대상자의 마음의 문이 열리고 복음을 받아들일 준비가 될 때까지 기다려 주어야 하고 인내하며 기도해야 하는 것입니다. 성령님은 때마다 할 말을 주시고 지혜를 주십니다. 성령님은 전도 대상자의 마음에 상처를 주지 않고 그 영혼이 예수님을 만나는 길에 전도자로 쓰임 받도록 우리에게 때마다 할 말과 지혜를 주십니다. 사람을 변화시키는 힘은 하나님의 능력 외에는 아무것도 없다는 것을 절실하게 느낀 또 한 번의 경험이었습니다.

"내 말과 내 전도함이 설득력 있는 지혜의 말로 하지 아니하고 다만 성령의 나타나심과 능력으로 하여 너희 믿음이 사람의 지혜에 있지 아니하고 다만 하나님의 능력에 있게 하려 하였노라"(고전 2:4-5).

그 후 3개월이 지난 어느 날, 유 집사님으로부터 온 참으로 기쁜 소식을 듣고 우리는 하나님께 영광을 올려 드렸습니다. 남편이 교회에 등록해 온 교회가 기도 응답에 기뻐하며 감사했다는 것입니다. 할렐루야!

한밤중 산속 외길에서

RV에 복음을 싣고 LA 북쪽 도시로 향했습니다. 대로로 가려면 많이 돌아가야 하므로 좁은 길이지만 산길을 택해 갔습니다. 그런데 외길이라는 표지판을 보았습니다. 외길로 가는 길이 있으면 당연히 나오는 길도 있을 것이라고 생각했습니다. 그런데 길이 점점 좁아지고 울퉁불퉁해졌습니다. 곧 한쪽은 큰 바위로 된 언덕이고, 다른 쪽은 깊은 벼랑길이 시작되었습니다. 게다가 길이 꼬불꼬불하기까지 해서 숨도 쉴 수 없을 정도였습니다. 정말 아무 생각도 나지 않고 공포가 몰려왔습니다. '벼랑으로 떨어지면 우리를 본 사람이 하나도 없으니 산골짜기에서 까마귀 밥 신세가 되겠구나'라는 생각이 들었습니다.

얼마를 가자 곰 사냥을 왔다는 두 사람의 포수를 만났는데, 길이 위험하니 조심하라는 말뿐 가지 말라고는 하지 않았습니다. 어둑해지면서 가슴이 떨리고 더 이상 가다가는 죽을 것만 같았습니다. 오만 가지 생각이 오가며 두려움이 엄습해 왔습니다. 저를 생각해서인지 남편은 태연한 척하면서 조심조심 운전을 했습니다. 결국 RV가 툭 튀어나온 바위에 부딪쳤습니다. 문짝에 큰 상처가 난 것 같았지만 서서 볼 수 있는 공간이 없었기에 그냥 가야 했습니다. 조금 후에는 길 위에 솟아 있는 돌을 못 보고 지나다가 심하게 흔들려 RV 안에 있는 물건들이 쏟아져서 수라장이 되었습니다. 그래도 절벽 아래로 떨어지지 않은 것이 얼마나 다행인지 하나님께 감사했습니다.

아무래도 더 이상 가면 안 될 것 같아서 섰습니다. 산 높이가 약 2,700m이고, 외길이기에 되돌아갈 수도 없는 곳에서 어찌해야 할지 몰랐습니다. 두 다리는 후들후들 떨리고, 목은 타고, 힘이 하나도 없었습니다. 그런데 앞을 보니 조금 넓은 길이 보였습니다. 남편은 그곳에서 헝클어지고 깨진 물건들을 정리하면서 안심하라며 애써 태연한 척했습니다.

위험한 길인 것을 눈으로 뻔히 보면서 되돌릴 수조차 없는데 어느새 사방이 캄캄한 밤이 되었습니다. 온 길을 생각하면서 산 아래로 되돌아 내려갈 생각을 하니 아찔해 잠이 들지 못했습니다. '전화도, 인터넷도 되지 않고 지나다니는 사람도, 차도 없는 곳으로 왜 오게 되었을까?' 하는 생각이 들었습니다. 그리고 아침에 혹시 지나가는 사람이 있으면 911에 신고해 달라고 부탁해야겠다고 생각했습니다. 우리 스스로는 도저히 내려가지 못할 것 같은 두려움이 몰려왔습니다. 사랑하는 자녀들을 보지 못하고 여기서 죽으면 시체도 찾지 못할 것이라는 여러 가지 공상을 하다가, 기도하면서도 떨다가 날밤을 새웠습니다. "하나님! 우리의 사명이 여기서 끝나는 것입니까? 그러면 우리는 여기서 죽어도 좋습니다. 그러나 앞으로 할 일이 남아 있다면 무사히 내려가도록 도와주세요."

한밤중에 불안해 두려움에 떨고 있는데 하나님이 말씀을 주셨습니다. "두려워하지 말라 내가 너와 함께함이라 놀라지 말라 나는 네 하나님이 됨이라 내가 너를 굳세게 하리라 참으로 너를 도와주리라 참으로 나의 의로운 오른손으로 너를 붙들리라"(사 41:10)고 하셨습니다.

동이 터서 훤해지자 남편은 밖으로 나가 바위에 부딪친 부분을 살펴보았습니다. 오른쪽 아래 창고 문짝 5개가 아주 못 쓰게 망가져 있었고 하나는 덜렁 떨어질 정도로 겨우 붙어 있었습니다. 하나님은 계속 "아무것도 염려하지 말고 다만 모든 일에 기도와 간구로, 너희 구할 것을 감사함으로 하나님께 아뢰라 그리하면 모든 지각에 뛰어난 하나님의 평강이 그리스도 예수 안에서 너희 마음과 생각을 지키시리라"(빌 4:6-7)라는 말씀을 묵상하도록 인도하셨습니다. 묵상을 해도 잠시뿐, 계속 두려움이 밀려오고 걱정이 되었지만 계속해서 말씀을 붙들고 암송했습니다.

남편은 잠을 못 자서 힘들고 두려우면서도 애써 담담하게 행동했습니다. 속으로는 얼마나 애가 탈까 짐작이 갔습니다. 우리는 하나님이 주신 말씀을 펴고 함께 읽고 기도했습니다. 이사야 41장부터 43장까지 읽으면서 깨달은 것은 '하나님이 우리를 위험에서 건져 주시고 더욱더 복음을 전하는 자로 새롭게 세워 주실 것이다'라는 믿음이었습니다. 하나님은 "네가 물 가운데로 지날 때에 내가 너와 함께할 것이라 강을 건널 때에 물이 너를 침몰하지 못할 것이며 네가 불 가운데로 지날 때에 타지도 아니할 것이요 불꽃이 너를 사르지도 못하리니"(사 43:2), "눈이 있어도 보지 못하고 귀가 있어도 듣지 못하는 백성을 이끌어 내라"(사 43:8)라고 말씀하셨습니다.

진리를 깨닫지 못하고 사망의 길로 가고 있는 사람들에게 복음을 전하라고 명령하신 약속의 말씀이기에 담대한 마음으로 산 아래로 내려가기로 결정했습니다. 남편은 창고 안에 있는 물건이 쏟아져 나올 테니까 문짝을 고쳐야 한다고 했습니다. 연장통을 들고 나가 대충 고치면서 목이 타는지 자꾸만 물을 마셨습니다.

남편은 전날 밤부터 계속 회개 기도를 했습니다. 그동안 사역을 하면서 옳지 못하게 행한 것들과 자신의 성품 때문에 지은 죄들을 하나님 앞에 벌거벗은 모습으로 드러냈습니다. 전과 같은 모습과 태도를 원하시지 않는 하나님이 절박한 죽음 앞에서 진솔한 회개의 눈물을 주셨습니다.

다행히도 우리가 밤을 새운 장소는 RV를 여러 번 돌리면 겨우 나갈 수 있도록 큰 소나무가 벼랑을 막고 있었습니다. 남편은 소나무가 밤새 지켜 주었음에 감사해 소나무를 쓰다듬어 주었습니다. 그리고 징표로 나뭇가지 하나를 꺾어서 RV 안에 두고는 볼 때마다 계속 경각심을 갖자고 말했습니다. 우리는 내려가기 전 하나님이 간밤에 주신 말씀을 생각했습니다. 담대한 마음으로 운전대를 붙들고 전능하신 하나님께 눈물로 간절히 기도했습니다.

그 험한 산길을 조심조심 운전하면서 전날 공포에 떨며 올라온 위험한 길을 보니 놀라지 않을 수 없었습니다. 그러나 그런 상황에서 하나님은 우리를 회개하게 하셨고, 축복의 통로로 사용할 하나님의 일꾼이 되도록 이끄셨습니다. "나의 계명을 지키는 자라야 나를 사랑하는 자니 나를 사랑하는 자는 내 아버지께 사랑을 받을 것이요 나도 그를 사랑하여 그에게 나를 나타내리라"(요 14:21)라고 말씀하시는 주님의 신실하심을 목도하게 하신 것입니다.

숨도 크게 쉬지 못하고 마음 졸이며 '어떻게 이런 길을 왔을까?' 하며 모퉁이를 돌아가는데 승용차 한 대가 마주 왔습니다. 도저히 비켜 갈 수 없는 좁은 길이었습니다. 한 남자는 운전을 하고, 다른 남자는 밖으로 나와서 "당신 미쳤어!"라고 몇 번을 외치며 우리에게 욕을 했습니다. 어떻게 이런 곳을 RV에 작은 차를 매달고 왔느냐고 화를 내면서 바위를 옮겼습니다. 천만다행으로 차가 조금씩 움직였고 겨우 빠져나갔습니다.

마음을 가다듬고 조금 가는데 웬일인지 또 다른 차를 만났습니다. 정말 당황스럽고 기가 막혀서 숨이 턱에 닿았습니다. 그런데 그 위험하고 꼬불꼬불한 낭떠러지에서 마주 오던 차가 뒷걸음질을 치는 것이었습니다. 그 모습을 본 우리는 소름이 끼치고 오금이 저렸습니다. 그 차는 천천히 후진하더니 공간이 조금 있는 곳에서 트렁크가 망가지는 것도 아랑곳하지 않고 깊숙하게 섰습니다. 운전자는 우리 RV가 지나갈 수 있도록 길을 비켜 주고는 잘 가라고 손짓으로 인사를 하며 빙긋이 웃어 주었습니다.

위험한 순간에 욕을 하는 사람이 있는가 하면, 위험을 무릅쓰고 남을 위해 희생하면서 사랑을 표현하는 사람도 있었습니다. "우리는 앞으로 어떠한 경우에도 이웃을 위해 죽어도 좋다는 각오로 복음을 전하겠다"고 다짐하는 계기가 되었습니다. 예수님은 "사람이 친구를 위하여 자기 목숨을 버리면 이보다 더 큰 사랑이 없나니"(요 15:13)라고 말씀하셨습니다.

정말 숨막히는 순간의 연속이었습니다. 운전하며 올라가고 내려가고를 반복하다 90도 각진 곳을 지나면서는 간이 오그라붙는 듯했습니다. 전날 어떻게 그 길을 지나갔으며, 지금은 또 어떻게 그 길을 무사히 통과할 수 있는지, 아무리 생각해도 하나님의 도

우심 없이는 불가능한 일이었습니다. RV 바퀴가 벼랑길에 겨우 걸려 아슬아슬하게 지나도록 하나님이 흙모래까지도 붙들어 흘러 내리지 못하게 막으신 것을 보고 감탄하지 않을 수 없었습니다.

"내가 사망의 음침한 골짜기로 다닐지라도 해를 두려워하지 않을 것은 주께서 나와 함께하심이라 주의 지팡이와 막대기가 나를 안위하시나이다"(시 23:4).

우리 부부는 서로 할 말을 잃고 계속 입 속으로 "예수는 내 구주"라고 되뇌며 간절한 마음으로 기도하면서 산 아래로 내려왔습니다. 전날 지났던 외길이라고 표시된 곳에 이르렀을 때 우리는 RV를 세우고 감격해 부둥켜안고 통곡을 했습니다. 천사의 손길로 떠받치고 보호해 주신 하나님의 은혜와 사랑에 감격했습니다. 살아났음에 감사하며 하나님께 찬양을 드렸습니다. 그리고 우리의 호흡이 남아 있는 그날까지 생명을 드려 복음을 전하겠다고 눈물로 고백했습니다. 하나님은 우리를 "새가 날개 치며 그 새끼를 보호함같이 나 만군의 여호와가 예루살렘을 보호할 것이라 그것을 호위하며 건지며 뛰어넘어 구원하리라"(시 31:5)라는 말씀처럼 구해 주셨습니다.

하나님의 소원을 아는 사람

하나님이 부족한 자를 불러 주시고 계속 성령의 능력 가운데 쓰임 받게 해 주심이 매우 감사해서 우리 부부는 쉴 새 없이 복음을 전했습니다. 때로는 잠도 자지 못하고 식사할 겨를도 없이 전도 대상자가 기다리는 곳을 향해 달려 나가도록 성령님이 인도하셨습니다. 한 영혼의 귀함을 알기에 피곤하고 아파도 전도 대상자에게 복음을 전하면 거짓말같이 아픈 것도 잊어버렸습니다.

그런데 언제부터인가 시작된 치통을 방치하다가 잇몸이 상하면서 곪아터지고 뿌리까지 상해서 이 9개를 뽑아야 했습니다. 의사는 그동안 너무 무리해서인지, 영양 부족 때문인지 원인은 알 수 없지만 이를 뽑고 틀니를 해야 한다고 했습니다. 임플란트를 하면 시간이 많이 걸리고 비용도 많이 들어 엄두가 안 나 틀니를 하기로 했습니다. 그래도 잇몸이 부실해서 잇몸 안에 무엇인가를 집어넣고 꿰매었습니다. 의사는 지금은 마취를 해서 아픔을 느끼지 못하지만 마취가 풀리고 나면 몹시 아프니까 통증 약 3알을 먹으라고 했습니다.

저는 말을 많이 해야 하니까 빨리 잘 아물어서 사역을 하는 데 지장이 없었으면 좋겠다고 하나님께 기도를 드렸습니다. 하필이면 제일 바쁜 기간에 틀니를 하게 되어 안타까웠습니다. 일주일이 지났는데도 얼굴은 물론 눈까지 퉁퉁 부어서 앞이 보이지 않았습니다. 그런데 이틀 후 수요예배에 간증을 하게 되었는데, 전날부터 부기가 빠지면서 그런대로 흉하지 않았고 입 안도 많이 아프지 않아 다행이었습니다. 간증하는 날 잇몸에 온통 신경이 쏠리고 발음이 똑똑하게 되지 않아 얼마나 힘이 들었는지 모릅니다. 식은땀이 줄줄 흘렀습니다. 하나님의 영광을 위해 최선을 다할 때 성령님이 도와주셔서 실수 없이 간증할 수 있었습니다. 하나님께 정말 감사했습니다.

박 목사님은 평신도로서 고난 가운데서도 복음을 위해 헌신하는 모습이 감동적이라고 하시며 교회에서 안일한 신앙생활을 하고 있는 자신이 부끄럽다고 하셨습니다. 복음 때문에 사는 진실한 이야기이자 떠들거나 소리치지 않고 조용하게 외치는 감동의 메시지라고, 많은 간증을 들어 왔지만 오늘 같은 간증은 처음 들었다고 격찬을 해 주셨습니다.

그러나 우리가 자랑할 것이 없음은 하나님이 우리를 통해 친히 이루신 일이기 때문입니다. 오직 하나님만이 영광 받으시고, 우리는 그저 감사할 뿐입니다. 우리는 안정된 삶 속에서 자신들의 신앙을 지키는 것만으로 만족하며 살고 있는 교인들에게 도전이 되어 하나님의 마음에 흡족한 믿음의 역사들이 있기를 간절히 기도했습니다.

그런데 이상하게도, 교인들의 마음속에 작은 변화는 있었겠지만 왠지 혼자만 외친 것 같은 썰렁한 분위기를 느꼈습니다. '목사님의 설교 말씀이 좋아서 전도하지 않아도 자연 증가하는 교회에 대해 하나님이 무엇이라고 말씀하실까?' 생각했는데, 하나님이 동일한 마음을 목사님께도 주셨습니다. 목사님은 하나님께 죄송스럽다고 하시며 이제는 전도에 대해 눈을 열어 복음을 전하는 제자들을 키워야겠다고 하셨습니다. 그 말씀을 듣고 얼마나 기뻤는지 모릅니다. 이제 이 교회는 하나님이 원하시는 방향 전환을 하기에 더욱 단단히 다져지고 부흥해 하나님의 큰 역사를 이룰 것이라 믿어졌습니다.

전도가 얼마나 귀한 사역인지를 깨닫고 노방에 나가서 죽어 가는 영혼을 구원하려고 몸부림치며 고난받는 것은 경험한 자들만이 아는 기쁨이고 행복입니다. 주일이면 구름 떼같이 몰려드는 교인들 중에 '과연 죽으면 천국으로 갈 영혼이 얼마나 될까?'를 생각하게 되는 현실입니다. 예수 믿느냐고 물으면 모두 예수를 믿는다고 대답은 잘하지만, 무엇을 어떻게 믿느냐고 물으면 대답을 하지 못하는 경우가 너무나 많습니다. 수많은 성도가 복음이 무엇인지 잘 모르기 때문에 구원의 확신도 없고, 하나님의 자녀로서의 자격도 갖추지 못한 채 하나님을 습관적으로 "아버지"라 부르고 있습니다. 우리는 "이 백성이 입으로는 나를 가까이하며 입술로는 나를 공경하나 그들의 마음은 내게서 멀리 떠났나니 그들이 나를 경외함은 사람의 계명으로 가르침을 받았을 뿐이라"(사 29:13)라는 하나님의 말씀에 귀 기울여야 합니다.

임시 틀니를 끼고 간증을 하니 피곤하고 지쳤습니다. 하지만 맡겨진 사명으로 알고, 또 다른 교회에서 열린 세미나 중간에 우리의 간증 시간이 있어서 갔습니다. 57명의 등록자들이 이어지는 열강을 통해 마음이 하나 된 느낌을 받았습니다. 오직 하나님 나라의 확장을 위해 영혼 구원의 부담감을 갖고 오신 분들이라 전도에 대한 열정이 대단했습니다. 하나님은 지금 이 시대에도 하나님의 나라를 위해 신실한 일꾼들을 안타까이 부르고 계십니다.

"내가 누구를 보내며 누가 우리를 위하여 갈꼬 하시니 그때에 내가 이르되 내가 여기 있나이다 나를 보내소서"(사 6:8)라는 말씀처럼, '부르시는 하나님께 선뜻 대답한 이사야와 같은 하나님의 사람들이 많이 나와서 하나님의 마음을 시원하게 해 드리면 얼마나 좋을까?' 하는 마음으로 간절히 기도했습니다.

주님 안에서 노력하고 헌신함으로써 작은 공동체인 가정과 교회를 아름답게 세우는 일꾼이 절실히 필요한 때입니다. 우리는 그 일꾼이 자기 자신임을 깨달아야 합니다. 성숙한 인생을 살아가는 사람은 소아적 욕망을 버리고 자제할 줄 알고, 하나님의 소원을 보는 비전이 있어야 합니다. 하나님의 소원이 무엇인가를 아는 사람은 자신의 욕망대로 살지 않고 하나님의 말씀에 순종합니다. 믿음은 자기 욕망과 이기심에 집착하지 않고 진리에 복종합니다.

세미나에 오신 거의 모든 분이 하나님의 소원대로 살기로 결단하고 복음을 전하겠다고 고백했습니다. 전도는 내가 온전하신 그리스도의 사랑을 받은 것을 실천하는 기회입니다.

몇 달 후 간증할 때 발음이 좋지 않으니 틀니를 빼고 임플란트를 하라고 많은 성도님이 도움의 손길을 보내 주셨습니다. 결국 2시간 동안 2차 수술을 받았습니다. 한꺼번에 9개의 잇몸에 구멍을 뚫고 이가 들어갈 공간을 만들기 위해 구멍마다 나사를 박고, 잇몸을 꿰매고, 아물기를 기다려야 했습니다.

2주일 동안 아무것도 할 수 없고, 아무도 만날 수 없는 상태로 통증을 참으며 기다렸습니다. 틀니도 없고 이도 없으니 이빨 빠진 할머니 같아 그 누구도 만나기 싫었습니다. 오른쪽 뺨이 말할 수 없이 부어서 딴사람 같아 보였고 통증이 심해 견디기 힘들었습니다. 치료를 점차적으로 해야 하는데 바쁜 사역 일정 때문에 한꺼번에 하다 보니 심한 고생을 감수해야만 했습니다. 하지만 치료가 나 끝난 후 간증을 할 때 발음이 전과 같을 것을 생각하면 고통스럽지만 기쁨으로 참을 수 있었습니다. "오직 하나님의 능력을 따라 복음과 함께 고난을 받으라"(딤후 1:8)라는 말씀을 붙들고 인내했습니다.

얼굴에 부기가 빠지기를 기다리는 동안 날씨는 추웠지만 기도원에서 책도 읽고 음악도 듣는 등 아주 유익한 시간을 가졌습니다. 그리고 다시 복잡한 도시로 내려왔습니다. 사람들은 도를 닦기 위해 외딴곳으로 가지만 예수 믿는 사람들은 하나님의 은혜와 사랑을 전하기 위해 사람들이 많이 있는 곳으로 가야 합니다. 우리 부부도 아직 예수님에 대한 진리의 말씀이 필요한 자들이 많아 그들에게 복음을 전해야 한다는 일념으로 다시 사람들이 북적대는 세상으로 내려왔습니다.

임플란트가 다 완성될 때까지 임시 틀니를 끼고 사역을 했습니다. 하나님이 잇몸이 제때에 잘 아물게 해 주셔서 계획대로 진행되어 6개월 만에 치료가 끝났습니다. 정말 감사했습니다. 또한 하나님이 임플란트를 하는 데 들어간 엄청난 비용을 놀라우신 아버지의 계산법으로 다 해결해 주심에 큰 감사를 드렸습니다. 복음을 전하는 바울에게 쓸 것을 공급해 준 빌립보 성도들처럼, 복음을 위해 살고자 하는 우리의 사역에 동참해 주시고 아낌없이 베풀어 주신 동역자들에게 감사했습니다.

"내게는 모든 것이 있고 또 풍부한지라 에바브로디도 편에 너희가 준 것을 받으므로 내가 풍족하니 이는 받으실 만한 향기로운 제물이요 하나님을 기쁘시게 한 것이라"(빌 4:18).

전도자의 삶

한인 인구의 4%만 교회에 나오고 있다는 곳에서 주일예배를 드리게 되었는데, 장로님이 매우 관심을 보이며 대화하기를 원하셨습니다. 장로님은 우리의 전도 사역에 대해 들으시고는 귀가 번쩍 뜨인다며 바짝 앉아 하나님이 우리를 보내신 것이 틀림없다고 하셨습니다. 우리의 발걸음을 그곳으로 인도해 주신 하나님의 기막힌 계획에 탄복하며 흥분을 감추지 못하셨습니다.

장로님은 몇 주 전 목사님이 태신자를 품자고 하여 성도들이 47명의 명단을 제출했는데 처음 해 보는 것이라 어떻게 해야 할지 몰라 기도하고 있는 중이라고 하셨습니다. 우리 부부는 장로님과 함께 아침부터 저녁까지 전도 대상자를 찾아다니며 일주일 동안 복음을 전했습니다. 대부분의 사람들이 불신자가 아니라 한 번 이상은 교회를 나와 예배를 드린 경험이 있었지만 정착은 하지 못했습니다.

시골이지만 한인들이 자영업을 하고 있어서 물질에 어려움이 없었고, 또 주일에 장사를 해야 하기 때문에 교회에 나올 수 없다는 사람들이 많았습니다. 그러나 놀러 가는 일이 생길 때는 일꾼을 고용하거나 때로는 가게 문을 서슴없이 닫고 간다고 했습니다. 삶의 기준이 철저히 자기 자신이며, 자기가 주인 되어 살고 있는 모습이 너무 안타까웠습니다. 과연 어느 누구에게도 방해를 받지 않고, 그 어떤 규제도 없이 나 하고 싶은 대로 행동하면 정말 자유롭고 행복해질 수 있을까요?

성경은 "진리를 알지니 진리가 너희를 자유롭게 하리라"(요 8:32)라고 말합니다. 성경은 진리의 말씀대로 원칙을 지키며 살아야만 행복한 삶을 살게 된다고 이야기합니다. 행복한 사람이 되려면 자기 마음대로 사는 삶을 버려야만 합니다.

하나님의 법을 지키며 살아가는 참 기쁨과 행복을 보여 주는 증인의 삶을 살 때 믿지 않는 자들이 주께로 돌아오는 부흥을 맛보게 될 것입니다.

장로님은 일주일 동안 사업은 아내분에게 맡겨 놓고 우리 부부와 함께 전도하면서 매일 점심을 사 주시고, 마음에 감동이 온다며 선교비도 많이 후원하셨습니다. 전도 대상자들에게 어떻게 말문을 여는지, 또는 거부할 때 어떻게 대처하는지를 보시고 그 모두가 영혼을 사랑하는 마음이 기본임을 알게 되었다고 하셨습니다.

전도를 할 때 마음의 문을 열지도 않은 사람에게 단번에 결신을 얻어 내려고 하면 거절당하는 경우가 많기 때문에 상황에 따라야 합니다. 전도인은 구원의 이유와 목적을 성경 구절로 잘 설명할 수 있어야 하지만 그에 못지않게 중요한 것은 삶이 뒷받침되어야 한다는 것입니다. 언행이 일치하지 않으면서 백 마디의 성경 구절을 암송하는 것보다 그리스도를 닮은 전도자가 되어야 합니다.

또한 전도는 주님의 지상 명령이므로 누구나 해야 하지만, 아무런 준비 없이 섣불리 하기에 불신자들로부터 냉대를 받을 수 있습니다. 훈련받지 못한 평신도를 전도 현장에 내보내는 것은 마치 신병을 총 쏘는 법도 가르쳐 주지 않고 전쟁터로 내보내는 것과 같습니다. 전도는 영적 전쟁의 최전선에 나가는 것이므로 사탄과의 싸움이기에 기도와 말씀으로 무장하지 않으면 승리할 수 없습니다.

"우리의 씨름은 혈과 육을 상대하는 것이 아니요 통치자들과 권세들과 이 어둠의 세상 주관자들과 하늘에 있는 악의 영들을 상대함이라 그러므로 하나님의 전신 갑주를 취하라 이는 악한 날에 너희가 능히 대적하고 모든 일을 행한 후에 서기 위함이라"(엡 6:12-13).

전도자는 하나님이 원하시는 것이 무엇인지를 아는 분별력과 지혜가 있어야 합니다. 전도를 하다가도 그곳에 더 머물러 있어야 할지, 떠나야 할지를 알아차려야 합니다.

장로님은 우리의 떠남을 아쉬워하며, 우리가 내년에는 시간을 넉넉히 잡고 다시 올 것을 기대하며 기다릴 것이라고 하셨습니다. 우리는 손을 놓지 않으시는 장로님과 헤어져야 했습니다. 서둘러서 떠나야 하는 이유는 캐나다 캘거리의 장로교회에서 우리를 기다리고 있었기 때문입니다. 우리는 국경을 넘어 먼 거리를 달려야 했습니다.

세 번째 간경화

2015년 8월, 남편은 그동안 건강하게 사역을 하며 기쁨이 충만했는데 갑자기 헛발을 디딘 것같이 힘이 빠지며 기운을 차리지 못했습니다. 병원에 가서 피 검사를 했더니 간 수치가 높게 나왔다고 간 전문의를 만나야 한다고 했습니다. 우리는 큰 병원에 가서 CT 촬영을 했습니다. 검사 결과 간 안에 상처가 많고 혹 같은 것들이 있다며 간경화라고 했습니다. 그동안 먹던 간염 약을 끊은 이유는 건강이 좋아졌기 때문이기도 하지만 사실은 약값이 엄청 비쌌기 때문입니다.

남편은 물 만난 물고기가 싱싱하게 헤엄치며 돌아다니듯이 RV를 운전해 미 전역을 누비며 하나님이 부르시는 곳은 어디든지 찾아다니며 복음을 전했는데, 어이없게 그만 누워 버렸습니다. 의사는 간경화로 죽기보다는 식도정맥류가 터져서 사망하는 경우가 많다고 또 검사를 하자고 했습니다. 검사 결과 부어 있다고 주시해 보자고 했습니다. 상황은 암담했지만 전능하신 하나님의 능력을 이미 두 번씩이나 경험했기에 우리 부부는 담담했고 평안했습니다.

1991년 6월, 처음으로 간암 진단을 받았을 때 남편은 몇 날을 밤마다 자신의 생명이 얼마 남지 않았음에 안타까운 눈물을 흘렸습니다. 그 당시는 간암 환자들이 치료를 받지 못하고 대부분 세상을 떠났습니다. 남편은 미국에 와서 하나님의 일을 하겠다고 서원했지만, 영주권 없는 광야 같은 생활을 하면서 말할 수 없는 고통을 견뎌 냈습니다. 스트레스로 인해 제가 1984년부터 7년이 넘도록 생사를 넘나들며 병으로 고생하다 하나님의 말씀으로 치유받은 지 20일 만에 남편이 간암 선고를 받았습니다.

그때 남편은 "너 무엇 하느냐?"라는 하나님의 질문에, 무엇을 해야 하나님이 가장 기뻐하실까를 묵상하다가 무엇보다도 영혼 구원, 전도임을 깨닫게 되었습니다. 예수님이 십자가에 못 박혀 돌아가심으로 온 세상의 죄를 대신 지셔서 아무도 멸망하지 않고 영생을 얻게 하셨다는 복음을 전하는 삶을 살겠다고 결심했습니다. 그리고 다음 날부터 지친 육신이지만 하나님이 기뻐하시는 전도를 했을 때 놀라운 하나님의 치유의 손길을 경험했고, 더욱더 열심히 전도 생활을 했습니다.

"하나님의 지혜에 있어서는 이 세상이 자기 지혜로 하나님을 알지 못하므로 하나님께서 전도의 미련한 것으로 믿는 자들을 구원하시기를 기뻐하셨도다"(고전 1:21).

2003년, 12년 만에 두 번째로 간경화라는 진단을 받았습니다. 당시는 몹시 힘들게 사역을 한 후였지만 "죽으면 죽으리라"는 결심으로 중단하지 않고 사역을 이어 갔습니다. RV를 타고 대륙 횡단을 하며 우리를 부르는 교회에서 간증과 전도 강의를 하며 다녔는데, 하나님이 그 믿음을 보시고 또 한 번의 치유를 허락해 주셨습니다. 전도해 한 영혼을 주께로 인도하는 것은 천사도 흠모할 만큼 영광된 일입니다. 따라서 사탄은 전도하는 것을 가장 싫어하고 대적하지만 하나님은 우리로 하여금 승리하게 하셨습니다.

그 후 대륙 횡단을 수없이 하면서 종횡무진으로 다니며 하나님이 기뻐하시는 전도 사역을 통해 수많은 영혼이 주께로 돌아오는 기쁨으로 충만했습니다. 물론 환경의 어려움은 불가항력으로, 가끔 고스란히 당할 때도 있었습니다. 하지만 피할 길을 주시는 하나님의 능력 가운데 우리 부부는 잘 감당할 수 있었습니다. 성경은 "사람이 감당할 시험밖에는 너희가 당한 것이 없나니 오직 하나님은 미쁘사 너희가 감당하지 못할 시험당함을 허락하지 아니하시고 시험당할 즈음에 또한 피할 길을 내사 너희로 능히 감당하게 하시느니라"(고전 10:13)라고 말합니다.

순교할 때까지 바울을 괴롭혔던 사탄의 가시는 지금도 복음을 전하는 자들을 기회만 되면 여러 모양으로 괴롭히고 힘들게 하고 있습니다. 하지만 사탄의 궤계를 알기에 속지 않고 오직 말씀을 의지하며 나아갔습니다. 물론 연약한 우리의 육체는 어쩔 수 없이 고통 가운데 신음하기도 했습니다. 감사하게도 하나님은 지난날 남편의 간 문제가 두 번씩이나 있었을 때마다 여호와 라파의 하나님을 경험하게 하셨습니다. 우리는 마음껏 능력의 하나님을 찬양하고 증거했습니다.

그러다 12년 만에 세 번째로 병마 때문에 쓰러져 기운을 차리지 못하는 남편을 보니, 이루 말할 수 없을 정도로 안타깝고 아팠습니다. 하지만 걱정은 되지 않았습니다. "예수 그리스도는 어제나 오늘이나 영원토록 동일하시"(히 13:8)기 때문입니다.

그동안 너무 무리하고 복용해야 할 약을 먹지 않은 탓도 있었지만, 긍휼이 많으신 하나님이 이번에도 살려 주실 것이라는 믿음을 갖게 되었습니다. 아직도 우리에게 주신 사명이 끝나지 않았기에, 죽지 않고 살아서 주의 복음을 더 많은 사람에게 전하도록 하나님이 역사하실 것입니다. 데이비드 리빙스턴의 말처럼 사람은 자기 사명이 끝나기 전에는 결코 죽지 않습니다.

때마다 돕는 손길

콜로라도 덴버의 여름 날씨는 다른 곳에 비하면 공기가 맑고 시원했지만 차창으로 들어와 무릎에 닿는 햇볕은 아주 따가울 정도였습니다. RV를 주차하고 쉬어야 하는데, 우리가 주로 사용하던 마켓에서 계속 쫓아내 고생을 했습니다. 그즈음 병원에 가서 검사를 받았습니다. 그러는 사이 남편은 점점 수척해 가며 기운을 차리지 못했습니다.

어느 날 어떤 사모님이 덴버에서 발행하는 〈빛과 소금〉이라는 크리스천 신문에 연재되는 글을 읽었다며 전화를 하셨습니다. 목사님은 은퇴를 했지만 직장을 다니는데 전도에 관심이 많고 중보기도 사역을 열심히 하신다며 우리를 만나고 싶다고 하셨습니다. 우리가 옮겨 다니지 않고 잠시 쉴 수 있는 장소를 찾는다고 말씀드렸더니 알고 있는 집사님이 호텔을 경영하시는데 그곳에 가서 주차를 해도 된다는 기쁜 소식을 들려주셨습니다. 하나님의 예비하심에 깊은 감사를 드렸습니다.

 멋있는 호텔은 아니고 서민들이 이용하는 곳이었지만 RV를 주차할 수 있는 넓은 땅이 있었습니다. 그곳에서 지내면서 만난 여자 집사님과 동생 집사님은 아주 친절하셨습니다. 주일이면 어떤 미국인 목사님이 오셔서 호텔에 있는 사람들과 예배를 드리셨는데, 매주 집사님들이 음식을 많이 준비해서 대접하며 섬기는 귀한 일을 하고 계셨습니다.

 어느 주일, 그곳을 소개해 주신 사모님과 목사님이 오셨습니다. 손수 키운 상추를 많이 가지고 오셔서 오래간만에 신선한 야채를 아주 잘 먹었습니다. 두 분은 우리에게 지금 있는 곳도 좋지만 이왕이면 산속에 소나무숲이 우거진 곳에 가서 쉬면 건강에 더욱 좋을 것이라고 권면하셨습니다. 다음 날 한 번 가 보자고 하며 우리를 산으로 데리고 가셨는데, 그리 멀지 않은 곳에 소나무가 숲을 이루었고 개울에는 맑은 물이 흐르는 정말 좋은 곳이었습니다.

 그 근처에 주립공원이 있어서 우리는 RV를 타고 갔습니다. 하지만 그 공원은 RV는 주차하지 못하고 승용차들만 주차할 수 있었습니다. 다행히 5분도 되지 않는 곳에 몇 대의 RV가 호숫가에 서 있는 모습을 보고는 들어가서 우리도 주차를 해도 되는지 물어보았습니다. 매니저는 주인에게 물어보아야 한다며 기다리라고 하더니, 잠시 후 주인이 허락했다고 호숫가 좋은 자리에 주차하라고 했습니다.

다음 날 주인이 오셨는데 아주 점잖은 80대 미국 노인이셨습니다. 우리에게 무슨 일을 하는 사람이냐고 물어보셔서 미국 전역을 RV를 타고 다니며 복음을 전하는 사람인데 몸이 아파서 좀 쉬고 싶어서 왔다고 했습니다. 그분은 장로님이신데, 아내가 아파서 거동이 어려워 자신이 돌보고 있다며 이곳에 주차를 하면 한 달에 1,200불을 받는데 우리는 무료로 있으라고 하셨습니다. "저는 많은 선교사에게 선교비도 보내는데, 복음을 전하다가 병들어 쉬고 싶다고 찾아온 사람에게 돈을 받을 수는 없습니다. 앞으로 한 달간 이곳에서 쉬면서 건강이 회복되기를 기도하겠습니다. 당신들이 대륙 횡단을 1년에 두 번씩 한다는데 언제든지 덴버를 지나게 되면 한 달씩 꼭 쉬고 사역을 하십시오. 돈은 받지 않고 항상 무료입니다."

우리에게 만남의 복을 허락해 주시고, 아무것도 걱정하지 말고 지친 몸을 회복하도록 준비해 주신 여호와 이레 하나님께 감사와 찬양을 올려 드렸습니다.

그곳에는 2개의 호수가 있는데, 우리가 주차한 곳보다 더 큰 호수에는 물고기들이 많아 주말이면 가족들이 놀러 와서 낚시를 했습니다. 매니저는 자기가 잡았다면서 큰 송어 3마리를 주면서 불편한 것이 없느냐고 물어보는 등 아주 친절하게 대해 주었습니다.

계속해서 돕는 손길을 보내 주시는 하나님의 은혜를 생각하면서, 어서 빨리 회복해 하나님이 그토록 찾으시는 영혼들에게 복음을 전해야겠다고 다짐했습니다. "내가 죽지 않고 살아서 여호와께서 하시는 일을 선포하리로다"(시 118:17)라고 고백하며 다시 한 번 마음을 다잡았습니다.

공원에 가서 유산소 운동을 하다 보니 산에서 내려오는 맑은 개울 옆에 간에 좋다는 신선초가 많이 자라고 있었습니다. 또한 산 등성에는 엉겅퀴가 얼마나 많은지 감사했습니다. 하나님이 남편의 건강을 위한 약초가 있는 곳으로 우리의 발걸음을 인도하셨음에 감격해 눈물이 왈칵 쏟아졌습니다.

"나의 하나님이 그리스도 예수 안에서 영광 가운데 그 풍성한 대로 너희 모든 쓸 것을 채우시리라"(빌 4:19)라고 고백한 바울처럼 우리도 하나님의 공급하심을 신뢰했습니다. 우리에게 필요한 의식주뿐만 아니라 때마다 꼭 필요한 것들을 세심하게 공급해 도우시는 하나님의 사랑에 행복하며 감사가 넘쳤습니다. 신선초와 엉겅퀴를 채취해도 된다고 해서 많이 가지고 와서 깨끗하게 씻고 말려서 믹서에 갈아 가루로 만들어 조금씩 먹었습니다.

어느 날 병원에 갔다 오다가 우연히 〈빛과 소금 뉴스〉 발행인이신 최 권사님을 만났습니다. 초췌해진 우리의 모습을 보고 놀라셔서 상황을 이야기해 드렸습니다. 그러자 볼리비아 오영교 선교사님을 만나야 된다면서 그 자리에서 전화를 하셨습니다. 지금 볼리비아에 계시는데 일주일 후에 덴버에 오시니까 꼭 만나 뵈라고 하셨습니다. 권사님이 짜장면을 사 주셔서 아주 맛있게 먹고 헤어졌습니다. 오 선교사님은 한의사로, 오래전부터 선교지에서 많은 사람을 치료하며 복음을 전하셨는데 놀라운 기적이 일어나고 있다고 하셨습니다.

일주일 후 오 선교사님을 만나 대화를 하게 되었는데, 우리가 이미 알고 있는 영적인 말씀인데도 그날은 우리의 심령에 각인되었고 은혜를 받아 힘이 났습니다. 그분은 "우리가 하는 사역 속에 모든 일의 99.999%는 하나님이 하시는 것이고, 우리는 0.001%로 믿음을 갖고 순종할 때 역사가 일어납니다"라고 말씀하셨습니다.

가나의 혼인 잔치 때 예수님이 하인들에게 항아리에 물을 채우라 하신즉 아귀까지 채우니 물이 포도주가 된 것이 좋은 예입니다. 예수님은 나사로의 무덤 앞에서 돌을 옮겨 놓으라고 말씀하셨습니다. 이처럼 사람이 믿음을 행동으로 표현할 때까지 예수님은 기다리십니다. 우리가 믿음을 갖고 행하는 데 장애물인 불신의 돌을 없애는 것보다 더 중요한 일은 없습니다. 성령 안에서 영적으로 교감할 수 있는 사람을 만나기란 쉬운 일이 아니라 정말 감사했습니다.

"너희 염려를 다 주께 맡기라 이는 그가 너희를 돌보심이라"(벧전 5:7).

예수 안에 천국이

하나님이 예비해 주신 곳에서 지내면서 매일 얕은 능선을 따라 만들어진 산책길을 걸으며 찬양하며 기도했습니다. LA에 있는 믿음의 동역자인 김 권사님은 온몸에 퍼진 말기 암으로 투병을 하고 계셨고, 임 집사님은 폐암으로 수술 날짜를 기다리며 고생하고 계셔서 그분들을 위한 기도가 간절하게 나왔습니다. 아름드리 소나무를 붙들고 "여호와여 나의 기도에 귀를 기울이시고 내가 간구하는 소리를 들으소서 나의 환난 날에 내가 주께 부르짖으리니 주께서 내게 응답하시리이다"(시 86:6-7)라는 말씀에 의지해 그분들의 이름을 불러 가며 하나님께 부르짖어 기도했습니다.

이곳은 소나무숲을 지나가는 길에 이름 모를 야생화들이 예쁘게 피어 있고, 사슴들이 뛰어놀고, 잔잔한 호수에는 물고기들이 헤엄치고 있는 아름다운 곳이었습니다. 여름인데도 숲속에서 신선한 바람이 불어와 유산소를 흡족히 마실 수 있었습니다.

심하게 상처 입은 남편의 간은 좀처럼 회복되지 않아 휴식이 필요했으며 영양도 보충해야 하므로 신경을 써야 했습니다. 위장 장애와 고관절에 이상이 와서 잘 걷지 못하는 저는 남편을 따라 천천히 걸었는데, 처음보다는 조금 멀리 걸을 수 있어서 감사했습니다.

웬만해서는 참고 견디며 부르시는 곳이면 어디든 달려가서 복음을 전했는데, RV를 운전하는 남편이 힘들어지니 어쩔 수 없었습니다. 참으로 오랜만에 자연을 만끽하며 몸이 쉬었지만, 마음 한 구석에서는 하나님께 죄송한 생각이 들었습니다. "죽으면 죽으리라"는 각오로 사역을 한다고 고백했는데 이렇게 주저앉아 있다니…. 우리가 안타까워하니 어느 목사님이 "쉬는 것도 사역의 일부니까 편하게 계세요. 목사님은 안식년도 있고 안식월도 있는데 두 분은 지금까지 줄기차게 달려왔으니 쉬는 것도 하나님이 기뻐하실 것입니다" 하고 위로해 주셨습니다. 음악에도 쉼표가 있어 아름다운 선율이 나오듯이, 사람도 필요에 따라 쉬어 주는 것이 건강에 좋다고 하셨습니다.

그러나 우리 부부는 지금도 복음을 제대로 듣지 못해 예수님을 영접하지 못한 영혼들이 죽어 가고 있는데 속수무책으로 시간을 보내고 있으려니 가슴이 타는 듯했습니다. "내가 다시는 여호와를 선포하지 아니하며 그의 이름으로 말하지 아니하리라 하면 나의 마음이 불붙는 것 같아서 골수에 사무치니 답답하여 견딜 수 없나이다"(렘 20:9)라고 고백한 예레미야 선지자의 마음이 이해되었습니다.

누가 시켜서 하고, 또 누가 월급을 준다고 하는 일이라면 얼마 못 가 포기하거나 싫증이 날 텐데, 우리는 날이 가면 갈수록 더욱 더 감격에 벅차 복음을 전했습니다. 죄 가운데 죽을 수밖에 없었던 우리를 구원해 주신 하나님의 은혜도 감사한데, 부족한 우리 부부를 복음의 일꾼으로 사용해 주심에 감격해 도저히 쉴 수가 없었습니다. 우리 안에 임하시는 성령님의 역사를 따라 각처를 다니며 예수님의 죽으심과 부활을 증거하는 순종의 삶이 정말 행복했습니다.

"우리가 그를 전파하여 각 사람을 권하고 모든 지혜로 각 사람을 가르침은 각 사람을 그리스도 안에서 완전한 자로 세우려 함이니 이를 위하여 나도 내 속에서 능력으로 역사하시는 이의 역사를 따라 힘을 다하여 수고하노라"(골 1:28-29).

2002년, 집을 팔고 모든 것을 다 정리하고 "오직 복음을 위해 살겠다"고 결단한 우리 부부는 삶과 시간을 드리며 어떤 어려움과 고통이라도 인내해야 했습니다. 우리에게 붙여 주신 영혼들을 복음 안에서 바로 세우기 위해 수고하는 삶을 기쁨으로 감당하며 부르심에 합당한 삶을 살아가기를 소원했습니다.

그리스도의 일꾼으로 부르심을 받은 사람은 사람의 판단에 마음 쓰지 않고 오직 주님 앞에서 맡겨진 일을 충성스럽게 감당해야 합니다. 이 땅에서 주님의 뜻을 이루기 위해 감당해야 할 수고와 고난을 영광스럽게 생각하며 치러야 할 대가를 기꺼이 지불하는 것을 두려워하지 않습니다. 우리는 주님의 일꾼으로서 당연히 복음을 전했기 때문에 예수 그리스도의 십자가 외에는 자랑할 것이 없습니다. 사도 바울도 "내가 복음을 전할지라도 자랑할 것이 없음은 내가 부득불 할 일임이라 만일 복음을 전하지 아니하면 내게 화가 있을 것이로다"(고전 9:16)라고 고백했습니다. 예수 그리스도는 우리의 구세주이십니다. 예수님은 우리의 죄와 저주와 실패를 짊어지고 대신 십자가에 못 박혀 죽으시고 살아나셨습니다.

예수님의 구속의 은총을 믿으면 죄 사함을 받게 되고 구원을 얻습니다. 그래서 예수 안에 구원이 있고, 예수 안에 생명이 있고, 예수 안에 천국이 있는 것입니다. 하나님은 예수님 한 분밖에는 천하에 구원을 얻을 만한 다른 이름을 우리에게 주신 일이 없습니다(행 4:12). 그러므로 믿고 세례를 받는 사람은 구원을 얻는 것이며, 믿지 않는 자는 정죄를 받는 것입니다.

바울도 육체의 가시인 연약함 때문에 고생을 하면서도 순교하기까지 복음만을 위해 살아 우리에게 본이 되었습니다. 또한 그는 하나님께 쓰임 받기 위해서는 교만하지 않고 겸손해야 하므로 하나님이 사탄의 가시를 주셨다고 했습니다.

사람은 겸손해야 한다는 것을 알지만 조금만 남보다 잘하면 잠재해 있는 교만이 치솟아 오르는 불가사의한 존재입니다. 하나님이 이 같은 인간의 속성을 매우 잘 아시기 때문에 자만해져서 망하지 않도록 우리에게도 육체를 찌르는 가시를 주신 것입니다. 육체의 가시를 제거해 주시면 훨씬 더 자유롭게 복음을 전할 것 같지만, 연약한 가운데 온전히 하나님만 바라볼 때 하나님이 더 큰 능력으로 우리를 통해 행하십니다.

　"나에게 이르시기를 내 은혜가 네게 족하도다 이는 내 능력이 약한 데서 온전하여짐이라 하신지라 그러므로 도리어 크게 기뻐함으로 나의 여러 약한 것들에 대하여 자랑하리니 이는 그리스도의 능력이 내게 머물게 하려 함이라"(고후 12:9).

지금 전하지 않으면

하나님의 은혜와 능력 가운데서 힘을 얻고 맡겨 주신 사역을 잘 감당할 때 부족하지만 우리를 통해 도전이 된다는 분들이 계셔서 감사했습니다. 아무리 힘들고 아파도 복음의 동역자들과 사역 현장에 함께 있을 때 그들의 영적 능력이 전가되어 우리까지 충만해지곤 했습니다.

남편은 간경화로 무력했던 몸이 조금씩 회복되기 시작하더니 기운을 차렸습니다. 물론 전과 같이 장시간 운전은 어려웠지만 그래도 2-3시간 운전은 할 수 있게 되었습니다.

폐암 말기로 병원에서도 어찌할 수 없다는 진단을 받은 60대 중반의 남자분을 만났습니다. 목사님과 함께 그 집을 방문해서 우선 예배를 드린 후 대화를 나누었는데, 그분은 40년 전부터 교회를 다니셨습니다. 아내가 열정적으로 믿음 생활을 하기에 따라다녔을 뿐 천국에는 갈 수 없을 것 같다고 솔직하게 말하면서 하나님은 믿는다고 하셨습니다. 여러 교회를 옮겨 다니면서 신앙생활을 했기 때문에 체계적인 성경 공부를 못해서 복음에 대해 잘 모르고 계셨습니다. 지난밤에 기침을 많이 해서 꼭 숨이 넘어갈 것만 같 았는데 아침에 일어나니 조금 멎었다는 이야기를 들었습니다. 쇠 약하신 분에게 복음을 길게 설명할 수가 없었습니다.

하나님은 죄로 인해 죽을 수밖에 없는 인생을 구원하시기 위해 독생자 예수 그리스도를 이 땅에 보내 주시고, 인류가 예수 그리 스도의 피 값으로 죄 사함을 받고 구원을 얻게 하셨습니다. 예수 님은 십자가의 보혈로 지난날의 모든 죄를 용서해 주시고, 하나님 의 자녀로 거듭나게 해 거룩하게 하시며, 영생복락을 누리는 천국 백성이 되게 하셨습니다. 천국은 선행으로는 어느 누구도 들어갈 수 없고, 오직 예수님만이 구원의 길이십니다.

하나님의 말씀을 마음속 깊이 믿고 입으로 시인하며 고백하면 구원을 얻는다고 했더니 그분은 눈물을 글썽이면서 천국에 꼭 들 어가고 싶다고 하셨습니다.

"예수님을 구주와 주님으로 영접하시겠습니까?"라고 물어보았 습니다. 그분은 지금까지 40년 이상 교회를 다녔지만 한 번도 예 수님을 영접하는 기도를 해 본 적이 없다고, 오늘은 꼭 해야 할 것 같다며 기도를 도와 달라고 하셨습니다. 곁에서 마음 졸이며 기도 하시던 아내분은 오늘 남편이 구원받는 날이라고 기뻐하면서 평

평 우셨습니다. 그분은 예수님을 영접하는 기도를 떨리는 음성으로 진지하게 따라 하시고 나서는 이제 죽어도 한이 없다며 기쁘고 행복하다고 하셨습니다. 지난밤에 꼭 죽을 것만 같았는데 살려 주신 것은 오늘 구원의 소식을 듣게 하시려는 것이라며, 천사를 보내 주신 하나님께 감사드린다고 하셨습니다.

하나님의 자녀는 죽어서 천국에 들어가는 것은 물론이지만 이 땅에서도 하나님의 능력 가운데 병도 지배하는 믿음으로 살아야 한다면서 우리의 간증을 짧게 들려 드렸습니다. 하나님의 은혜와 능력 가운데서 영적으로 죽었던 영혼이 새 생명을 얻고 기뻐하는 모습을 보니 정말 행복했습니다. 지금까지 우리 부부는 이 일로 힘을 얻고, 그 기쁨으로 여기까지 온 것입니다. 사도 바울처럼 복음을 위해 사는 것이 나머지 삶의 목적이 되도록 성령님이 우리의 삶을 이끌고 역사해 주시리라 믿습니다.

"너희 안에서 착한 일을 시작하신 이가 그리스도 예수의 날까지 이루실 줄을 우리는 확신하노라"(빌 1:6).

사도 바울은 영적인 아들 디모데에게 성도들을 대하는 태도에 대해서 자상하게 권면하면서, 동시에 사랑하는 마음으로 병약한 디모데에게 "이제부터는 물만 마시지 말고 네 위장과 자주 나는 병을 위하여는 포도주를 조금씩 쓰라"(딤전 5:23)고 했습니다.

디모데는 나이도 어리고, 병약하고, 소극적이었습니다. 그런데 바울과 함께 전도 여행을 하면서 고난을 당하는 가운데 연단을 받으며 교회의 지도자가 되었습니다. 그도 바울처럼 육체의 가시로 고생했던 사람입니다. 바울은 "나의 여러 약한 것들에 대하여 자랑하리니 이는 그리스도의 능력이 내게 머물게 하려 함이라 … 이는 내가 약한 그때에 강함이라"(고후 12:9-10)라고 고백했습니다. 예나 지금이나 전도자들이 자신들을 따라다니는 육체의 가시로 인해 많은 어려움을 당하는 것은 마찬가지입니다.

병이 빨리 낫지 않고 고통 가운데 있을 때 우리는 하나님의 은혜를 의심하거나 '내 믿음이 부족한가?', '나한테 무슨 죄가 있나?' 생각해 보기도 합니다. 그러나 고난은 믿음을 순수하게 해 마지막 날에 예수 그리스도 앞에서 칭찬과 영광과 존귀를 얻게 하시려는 하나님의 또 다른 은혜이기도 합니다. 성경도 "생각하건대 현재의 고난은 장차 우리에게 나타날 영광과 비교할 수 없도다"(롬 8:18)라고 말합니다.

"성도에게 시험은 선택 과목이 아니라 필수 과목이다"라는 말이 있습니다. 이 땅에서 만나는 고난의 이유와 목적에 대해서 다 알기는 어렵지만, 고난을 통해 깨끗한 믿음을 가지게 된다는 의미입니다. 고난의 용광로를 통과할 때 인내하면 우리의 인격이 연단을 받아 정금같이 빛납니다.

"내가 가는 길을 그가 아시나니 그가 나를 단련하신 후에는 내가 순금같이 되어 나오리라"(욥 23:10).

고난은 변장된 축복이라고도 합니다. 고난은 그 자체가 목적이 아닙니다. 반드시 고난이 가져다주는 축복이 뒤따르게 되어 있습니다. 예레미야 선지자는 "나를 어둠 속에 살게 하시기를 죽은 지 오랜 자 같게 하셨도다 … 사람이 여호와의 구원을 바라고 잠잠히 기다림이 좋도다"(애 3:6, 26)라고 말했습니다.

모든 일에는 하나님이 정하신 때가 있습니다. 주어진 현재의 삶에 충성하면서 때를 기다려야 합니다. 노아는 120년을, 모세는 40년을, 요셉은 13년을, 이스라엘은 430년을 기다렸습니다. 우리가 생각할 때 너무 길고 불필요한 것 같지만, 하나님의 시간표로 보면 가장 적절한 때에 하나님이 역사하시는 것입니다. 하나님이 하실 일은 변함없이 하나님의 뜻대로 이루어져 가는 것입니다. 성경은 하나님의 뜻대로 살려고 하고, 하나님의 뜻만 이루어지기를 구하는 마음으로 살면 구하는 것을 다 받은 줄로 알라고 말합니다(요일 5:14-15).

우리가 모든 것의 주인을 하나님으로 알고, 주님의 종으로서 주님을 위해서 사는 마음을 가질 때 하나님이 책임져 주십니다. 우리 가족은 1982년에 영주권이 없어서 가난과 질병으로 고생하면서도 한 번도 하나님을 원망하지 않았으며, 오히려 더욱 의지하며 살았습니다. "믿음은 바라는 것들의 실상이요 보이지 않는 것들의 증거니"(히 11:1)라고 고백했습니다.

우리의 앞날을 보장하며 인도해 주실 것이라는 믿음을 갖고 어떠한 경우에도 실망하지 않고 기도하며 주님의 도우심을 간구했습니다. 우리는 하나님이 아브라함과의 언약을 이삭과 야곱에게 이어 주셨다는 것과 가나안 땅을 그들의 후손에게 주겠다고 약속하신 언약을 얼마나 신실하게 행하셨는지를 성경을 통해 알았습니다. 이스라엘 백성의 출애굽의 은혜와 우리가 누리는 구원의 은혜는 무조건적인 하나님의 은혜의 선물입니다. 조건을 초월해 하나님의 언약 백성, 하나님의 자녀 된 우리가 해야 할 일은 하나님의 말씀을 신실하게 순종하는 책임을 다하는 것입니다.

하나님은 믿음의 연단을 통해 깊이 박힌 뿌리같이 견고한 믿음을 주셨고, 훈련 가운데 영적인 군사로 세워 주셔서 맡기신 주님의 일을 감당하게 하셨습니다. 그러나 복음의 일꾼으로 부르시는 곳을 찾아 달려가는 우리 부부의 발걸음을 방해하기 위해 연약한 육체를 건드리는 사탄의 가시는 계속 따라다녔습니다. 하나님은 어떤 어려움도 감당할 만한 믿음을 주셨을 뿐만 아니라 사역에 필요한 모든 것을 공급해 주시며 사역의 길을 계속 떠나라고 권고하셨습니다.

RV로 미 전역을 다니며 복음을 전할 때 캠핑장에서 자지 않고 길에서 자고 먹으며 이동하는 일은 결코 쉽지 않았지만 감사했습니다. 우리는 호화롭게 RV로 여행하지 않았습니다. RV는 복음을 싣고 이동하는 수단이기에 절약했으며, 교회가 가까운 지역을 중심으로 사역을 했습니다. 하나님이 하나님의 사람의 손길을 통해 가스 카드를 공급해 주셔서 그동안 가스비 때문에 걱정하지 않고 부르시는 곳이면 어디든지 다닐 수 있었습니다. 또한 하나님은 RV가 너무 낡아 고장이 잦을 때 새 차로 바꾸어 주셨고, 때마다 만나와 메추라기로 먹을 것을 공급해 주셨습니다. 하나님은 신실하신 분입니다.

엘리야에게 먹을 것을 공급했던 까마귀가 가는 곳마다 우리를 위해서도 필요를 계속 공급해 주어서 부족함이 없었습니다. 하나님은 일하는 소의 입에 망을 씌우지 않는다고 하신 말씀을 신실하게 지켜 주셨습니다(신 25:4).

에필로그

2002년 6월 1일, 하나님이 우리에게 주신 말씀에 순종해 복음을 전하기 위해 떠난 지 17년을 향해 달려가고 있는 지금, 뒤돌아보면 감회가 깊습니다. 우리가 하나님의 일을 할 때 하나님이 우리의 모든 것을 책임져 주셨습니다. 그동안 미국과 캐나다를 다니며 750개가 넘는 교회를 방문해 간증과 전도 강의를 했습니다. 하와이를 제외한 49주를 다니며 33번의 대륙 횡단을 할 때 시행착오와 우여곡절이 많았습니다. 하지만 어려운 순간순간, 그리고 지금 이 시간까지 우리를 지켜 주신 하나님의 손길을 잊을 수가 없습니다.

안타깝게도, 방문한 많은 교회가 단지 교회 내 프로그램에 열중할 뿐 하나님이 가장 기뻐하시는 영혼 구원, 전도에는 무관심했습니다. 주님을 뜨겁게 사랑하며 다시 오실 예수님을 사모하는 자들은 전도합니다. 전도에 무관심하면서 하나님을 사랑한다고 말할 수 없습니다. 예수님은 "이 천국 복음이 모든 민족에게 증언되기 위하여 온 세상에 전파되리니 그제야 끝이 오리라"(마 24:14)라고 말씀하셨습니다.

지금은 교회마다 평신도들을 복음으로 무장시켜 전도를 위해 세상으로 내보내야 하는 때입니다. 전도는 성도의 영적 온도계라고 합니다. 우리가 받은 구원의 기쁨을 사망의 길로 가고 있는 믿지 않는 이웃에게 전해야 할 의무와 책임을 느껴야 합니다. 직분이나 지위보다 더 중요한 것은 책임과 사명입니다.

하나님은 황폐하고 패역한 이 세대에 평화의 도구로 사용할 '12,300,7000'의 하나님의 사람들을 찾고 계십니다. '생명을 드리며 순교하기까지 복음을 증거한 주님의 12명의 사도, 하나님의 일을 위해 준비된 기드온의 300명의 용사, 바알에게 무릎 꿇지 않은 순결한 7,000명의 증인들'과 같은 하나님의 사람들이 일어나서 이 귀한 복음을 들고 열방을 향해 나아가 하나님의 소원을 이루어 드려야 합니다. "하나님은 모든 사람이 구원을 받으며 진리를 아는 데에 이르기를 원하"(딤전 2:4)십니다.

하나님은 보리떡 5개같이 부족하고 보잘것없는 우리 부부를 통해 많은 역사를 이루셨습니다. 에스겔서에서 골짜기의 마른 뼈들이 생기를 얻어 큰 군대가 된 것같이 가는 곳곳마다 죽었던 영혼들이 복음의 능력으로 살아나 하나님의 나라가 확장되는 데 쓰임 받았습니다.

바울은 "내가 복음을 부끄러워하지 아니하노니 이 복음은 모든 믿는 자에게 구원을 주시는 하나님의 능력이 됨이라"(롬 1:16)라고 고백했습니다. 복음의 능력 안에서 영혼 구원은 물론 가정의 문제인 이혼, 고부 갈등, 자녀들의 술 문제, 불륜, 제사, 우울증 등 수없이 많은 문제가 해결되는 경험을 했습니다. 복음은 모든 문제의 해답이라고 자신 있게 말할 수 있습니다.

호랑이는 죽으면 가죽을 남기고 사람은 죽으면 이름을 남긴다고 합니다. 그렇다면 그리스도인은 죽으면 무엇을 남겨야 하겠습니까? 그리스도인은 죽어서 믿음을 남기고, 또 내가 전도한 영혼을 남겨야 합니다. 이 땅에서 죽으면 무엇을 가져갈 수 있겠습니까? 아무것도 없습니다. 그래도 가져갈 것이 있다면 내가 전도한 영혼의 이름입니다. 우리의 소망, 기쁨, 자랑이 무엇입니까? 주님 앞에 갔을 때 바로 우리가 전도한 영혼들이 있다는 것입니다. 주께서 "세상에서 무엇 하다 왔느냐?"고 물으실 때 허무하게 사라질 세상의 부와 명예를 좇다가 왔다고 말씀드리겠습니까?

놀라운 것은, 전도가 은사인 줄 알았는데 전도는 의무라는 사실입니다. 전도는 명령입니다. 그러나 명령 같지만 사실 명령은 아닙니다. 하나님의 능력을 의지하고 순종할 때 하나님이 친히 일하시기 때문입니다. 예수님은 우리를 부르신 후 "나를 따르라"고 말씀하십니다. "사람 낚는 어부가 되라"고 하십니다. "전도의 일을 하며 네 직무를 다하라"고 말씀하십니다. 예수님은 십자가 복음을 선포할 수 있는 권능을 우리에게 주셨습니다. 우리가 가장 귀하게 여기는 것이 생명인데, 생명보다 귀한 것이 복음을 증거하는 사명입니다. 가장 귀한 일이 있다면 영혼을 살리는 일입니다.

자기 생명을 조금도 귀한 것으로 여기지 않았던 바울의 "내가 달려갈 길과 주 예수께 받은 사명 곧 하나님의 은혜의 복음을 증언하는 일을 마치려 함에는 나의 생명조차 조금도 귀한 것으로 여기지 아니하노라"(행 20:24)라는 고백이 우리의 고백이 되기를 소원하며 오늘도 RV에 복음을 싣고 한 영혼을 찾아 달려갑니다.

우리 부부는 건강이 연약함에도 "죽으면 죽으리라"는 고백을 하며 오직 전도에 전념했습니다. 상한 갈대를 꺾지 아니하며 꺼져

가는 등불을 끄지 않으시는 하나님이(사 42:3) 지금까지 생명을 연장해 주셔서 많은 영혼을 주님께 올려 드리게 하셨습니다. 우리 주님께 모든 감사와 영광을 올려 드립니다.

우리 부부의 전도행전은 우리의 생명이 다할 때까지 계속해서 전해질 것입니다. 우리는 택하심을 받은 주님의 신부들을 준비시키고 다시 오실 주님을 소망 가운데 기다릴 것입니다.

마라나타! 주 예수여, 오시옵소서!